BIBLIOTHÈQUE D·M·C

Les
Jours sur Toile

Ire Série

TH. DE DILLMONT, Éditeur

MULHOUSE (France)

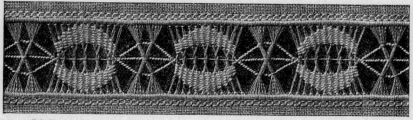

Rivière à jour avec faisceaux noués et contrariés, brides cordonnées et festons au point de reprise.

Les Jours sur Toile

Les vides que l'on produit dans la toile en groupant, au moyen de points, plusieurs fils isolés par suite du retrait de fils de chaîne ou de trame, ou de l'une et de l'autre, portent le nom de jours ; les ouvrages pour l'ornementation desquels on utilise ces jours, celui d'ouvrages à jours.

Des différentes manières de grouper les fils et de les recouvrir de points divers naissent les combinaisons les plus variées, les dessins les plus riches, que l'on peut employer comme unique ornement d'un ouvrage ou associer à des broderies au point de croix ou de tout autre genre.

Les jours les plus simples sont ceux employés pour les ourlets, puis viennent les rivières, les fonds, le point coupé italien, les différents genres de jours américains, danois et norvégiens (*) et enfin les jours Reticella, de provenance italienne et grecque. Ces derniers peuvent être considérés comme une transition des jours sur toile aux ouvrages de dentelles.

Les modèles de jours modernes présentent également beaucoup d'analogie avec certains dessins de dentelles ; ils se rapprochent des jours américains et contiennent, comme ces derniers, des points et des figures que l'on retrouve dans la dentelle Ténériffe (*).

Au point de vue de l'exécution on distingue deux genres de jours sur toile : l'un est produit par l'enlèvement de fils

(*) Voir, à la fin de l'ouvrage, la liste des albums de la Bibliothèque D·M·C contenant une grande variété de modèles pour tous les genres d'ouvrages.

soit de chaîne, soit de trame ; on l'appelle généralement rivière ou point tiré (le punto tirato italien). Le second exige l'absence simultanée de fils de chaîne et de trame et est appelé point coupé (le punto tagliato italien).

Fournitures. — Les jours sur toile sont exécutés sur des tissus qui doivent avoir autant que possible la chaîne et la trame de grosseur égale, afin que les vides, provenant de l'enlevage des fils, présentent toujours des formes régulières. Pour le linge de table et de toilette et pour la literie on emploie les différentes sortes de toiles pour broderies, en blanc, en crème ou en écru. Pour des objets décoratifs on préfère les toiles de couleur, dites toiles anglaises ou toiles d'Écosse. Les différents genres d'étamines servent pour la confection de voilettes, rideaux et stores, la gaze et la batiste pour la confection de garnitures de vêtements.

Pour la formation des jours, après l'enlevage des fils du tissu, on se servira toujours d'un fil fort et bien tordu que l'on choisira parmi les articles suivants de la marque D·M·C : Fil d'Alsace D·M·C, Retors d'Alsace D·M·C, Fil à dentelles D·M·C, Cordonnet 6 fils D·M·C, Cordonnet spécial D·M·C, Cordonnet à la cloche D·M·C, Alsatia D·M·C, Fil à pointer D·M·C, Alsa D·M·C, Lin pour dentelles D·M·C et Lin pour tricoter et crocheter D·M·C. La grosseur du fil doit généralement correspondre à celle des fils du tissu ; cependant, pour des parties qui devront bien ressortir on prendra un fil plus gros. Pour tous les remplissages et pour les figures décoratives au point de reprise on emploiera un fil floche et souple, tel que le Mouliné spécial D·M·C, qui est composé de plusieurs brins permettant une division du fil, ou bien encore le Coton perlé D·M·C et le Lin floche D·M·C, articles légèrement tordus.

Les jours sur toile sont habituellement exécutés en une seule couleur, blanc sur blanc ou ton sur ton ; nous recommandons toutefois d'employer du fil blanc pour les tissus crèmes et écrus et un fil légèrement teinté pour les toiles de couleur. On ne rencontre que très rarement des jours sur toile exécutés en plusieurs couleurs.

Pour faciliter à nos lectrices la reproduction de nos modèles, nous avons noté, soit au bas de la gravure dans le texte explicatif, soit au dos de chaque planche, pour les planches hors texte, quelques renseignements concernant la marche de l'ouvrage et les fils à employer.

Rivières (punto tirato). — Les rivières se produisent, comme il a été dit tout à l'heure, par l'extraction de fils du tissu dans l'un ou l'autre sens seulement. Les ourlets à jour sont le point de départ de ce genre d'ouvrage.

Ces ourlets remplacent souvent l'ourlet ordinaire quand on ne le considère pas comme assez riche pour l'objet que l'on confectionne. Les rivières plus larges sont employées comme garnitures de lingerie où elles remplacent les bordures brodées ou les entre-deux de dentelles.

Fig. 1. Ourlet à jour simple.

Fig. 2. Autre ourlet à jour.

Rivières travaillées à la machine. — Les rivières à jour peuvent être exécutées plus rapidement à la machine qu'à la main.

Les rivières étroites peuvent être travaillées sans être montées sur le tambour, mais, dans ce cas, il est bon de tendre fortement le fil de la navette.

Fig. 3. Ourlet-rivière d'échelle.

Comme fil de la navette on emploiera le Fil pour machines D·M·C N° 150, comme fil supérieur le Retors d'Alsace D·M·C et l'Alsa D·M·C N° 40 pour les rivières en couleur.

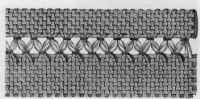

Fig. 4. Ourlet-rivière serpentine.

Ourlets à jour simple (fig. 1 et 2). — On retire dans le tissu, deux fils, sous le rempli, puis on bâtit l'ourlet au-dessus des fils isolés. On fixe le brin à gauche, puis on fait passer l'aiguille de droite à gauche sous trois fils isolés, on la retire et on la fait passer de bas en haut sous deux fils du rempli. (Voir fig. 1.)

Pour l'ourlet, fig. 2, on le prépare comme le précédent et on l'exécute également de gauche à droite, avec la seule différence qu'après avoir fait passer l'aiguille sous les deux fils en largeur, on la fait entrer dans l'ourlet du haut en bas, au-dessus d'un fil, de manière qu'elle ressorte exactement à l'arête vive du pli. Ces points, qui peuvent aussi être faits à l'endroit d'un ouvrage, forment au bas de l'ourlet une espèce de cordonnet.

Ourlet-rivière d'échelle (fig. 3). — La première couture achevée, comme le montre la fig. 1, on extrait encore quelques fils du tissu, 5 fils en tout. Puis on retourne l'ouvrage et on fait un second tour de points, semblable au premier. On assemble toujours les mêmes fils que ceux qui ont été réunis au premier tour, et on en forme ainsi des échelons verticaux.

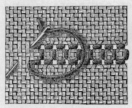

Fig. 5. Point quadrillé.

Fig. 6. Point de piqûre croisée. Endroit.

Fig. 7. Point de piqûre croisée. Envers.

Ourlet-rivière serpentine (fig. 4). — Ici encore la première couture se fait comme à la fig. 1, en prenant toujours un nombre pair de fils. Au second tour on assemble la moitié de deux faisceaux de fil, de façon à partager les échelons, qui formeront alors une ligne serpentine.

Manière de fixer les bords du tissu pour les rivières. — Après avoir enlevé les fils pour un ourlet ou une rivière, il est nécessaire de fixer les fils du tissu sur les deux côtés de la rivière, afin de les maintenir à leur place et les empêcher de glisser dans la partie ajourée. Ce travail est indispensable lorsqu'il s'agit d'ourlets ou de rivières d'une certaine importance ; on pourra, par contre, s'en passer pour de petits ouvrages de fantaisie.

La manière la plus simple d'arrêter les bords est celle indiquée par les gravures fig. 1 et 3, en dehors de celle-ci on emploie aussi des points lancés droits et obliques posés isolément ou groupés en forme de dents ou carrés, voir les planches 1 et 4.

Pour des parties ajourées, combinées avec une broderie en couleurs, on emploie le point de croix et le point natté, voir les planches 13 et 19. Dans les travaux plus minutieux les bords sont festonnés ou cordonnés comme nous l'avons fait pour les modèles des planches 2, 8, 9, 11, 12 et 18, où les points sont fortement rembourrés et produisent ainsi un effet de relief.

Nous donnons, en outre, avec les fig. 5 à 9 quelques points pouvant être utilisés pour ce travail.

Point quadrillé (fig. 5). — Sortir un fil du tissu, laisser subsister trois fils et sortir encore un fil.

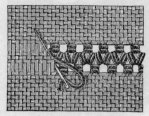

Fig. 8. Point façonné travaillé en un tour.

Le point se fait en rangée de droite à gauche. On commence avec un point vertical montant sur les trois fils isolés, puis on conduit l'aiguille sur l'envers de l'ouvrage en descendant de trois fils vers la gauche, on fait un point horizontal vers la droite qui touchera dans le bas au point vertical, on remonte sur l'envers de trois fils vers la gauche, puis on fait un second point horizontal vers la droite qui touchera au point vertical dans le haut pour sortir l'aiguille finalement dans le bas à gauche du point horizontal. Continuer avec un point vertical, et ainsi de suite. En serrant fortement le fil on obtient de petits points carrés accompagnés dans le haut et dans le bas de petits œillets ajourés.

Fig. 9. Point façonné travaillé en deux tours.

Dans des tissus peu serrés il est superflu de sortir dans le bas et dans le haut un fil du tissu, l'effet ajouré se produira tout seul par le resserrement des fils.

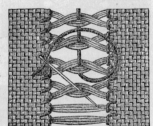

Fig. 10. Faisceaux entiers une fois contrariés.

Point de piqûre croisée (fig. 6 et 7). L'endroit ainsi que l'envers de ce point peuvent servir pour arrêter les bords des tissus. On laisse subsister une bande d'étoffe haute de trois fils, puis on enlève un fil dans le haut et dans le bas.

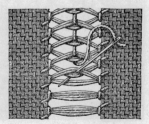

Fig. 11. Faisceaux divisés une fois contrariés.

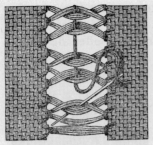

Fig. 12 Deux faisceaux entiers
une fois contrariés
avec deux demi-faisceaux.

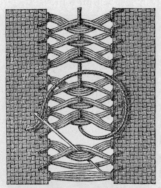

Fig. 13. Deux faisceaux entiers
une fois contrariés
avec quatre demi-faisceaux.

Fig. 14. Quatre faisceaux une fois
contrariés et une fois croisés.

Pour l'exécution expliquée par la gravure, fig. 6, on introduit l'aiguille comme pour le point piqué ordinaire, on la passe sous le tissu en l'obliquant un peu vers le second contour du dessin, et on la retire un fil plus loin que le premier point. Après avoir fait un point piqué par-dessus deux fils du tissu, on fait remonter de nouveau l'aiguille sous l'étoffe et on la fait sortir à la distance de deux fils pour faire un nouveau point.

L'entre-croisement des fils et le mode d'exécution de l'envers de ce point se trouvent représentés dans la fig. 7.

Point façonné travaillé en un tour (fig. 8). — Ici on compte également trois fils pour la bande d'étoffe, mais on enlève dans le bas et dans le haut chaque fois deux fils du tissu.

Commençant à droite, dans le bas, on fait deux points de piqûre de gauche à droite par-dessus quatre fils libres, puis suivent deux points sur trois fils de hauteur et deux fils de largeur inclinés vers la droite ; après quoi on exécute encore deux points de piqûre horizontaux par-dessus quatre fils dans le haut, pour revenir à la première ligne avec deux points en biais sur trois fils de hauteur et deux de largeur, inclinés vers la droite. Continuer ainsi en serrant fortement les points, et les jours ressortiront bien distinctement.

Point façonné travaillé en deux tours (fig. 9). — Les points sont exécutés par-dessus cinq fils en hauteur et un fil est enlevé dans le haut et dans le bas. Le premier tour consiste en points simples, d'après les fig. 1 à 3, dont l'un est exécuté vers le haut et l'autre vers le bas (voir aussi le détail explicatif à gauche sur la gravure). Dans le second tour on ajoute dans le milieu de la bande un rang de points obliques qui sont travaillés entre les points du premier tour ; dans la gravure ces points sont indiqués par un fil foncé.

Différentes manières d'ajourer les rivières du point tiré. Les jours peuvent être obtenus de différentes façons :

1º en contrariant les faisceaux de fils ;

2º en nouant les faisceaux ;

3º en surbrodant les faisceaux ;

4º en reliant les faisceaux par des petits motifs décoratifs.

 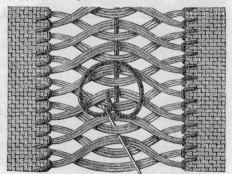

Fig. 15.
Quatre faisceaux une fois
contrariés et deux fois croisés.

Fig. 16.
Faisceaux entiers une fois contrariés
et triplement croisés.

Différentes manières de contrarier les faisceaux (fig. 10, 11, 12, 13, 14, 15, 16, 17, 18). — On contrarie les faisceaux de fils en passant avec une aiguille garnie d'un gros fil sous un faisceau que l'on glisse ensuite par-dessus un des faisceaux suivants. Pour maintenir les faisceaux dans leur nouvelle position on fait passer le gros fil entre les faisceaux contrariés.

On peut contrarier les faisceaux en un seul ou en plusieurs tours parallèles, puis on peut prendre ou bien des faisceaux entiers ou des faisceaux partagés, ou encore plusieurs faisceaux en une fois, comme on le verra par les exemples suivants.

Nous commençons par les petites rivières qui se font en

un seul tour ; la fig. 10 nous montre la manière la plus simple,
deux faisceaux entiers une fois contrariés.

Pour l'exécuter on glisse, comme nous venons de le dire,
le second faisceau par-dessus le premier et le gros fil passe par-
dessus le deuxième et sous le premier faisceau. Pour la rivière
fig. 11 les faisceaux sont à diviser avant d'être contrariés ; ce
dessin donne à la rivière un aspect
moins ajouré que le précédent.

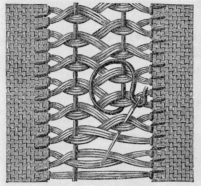

Fig. 17. Deux faisceaux
simplement contrariés en deux rangs.

La gravure fig. 12 montre
deux faisceaux entiers contrariés
avec deux demi-faisceaux et la
fig. 13 un dessin composé de
deux faisceaux entiers et de quatre
demi-faisceaux.

Les dessins des fig. 14 et 15
sont composés de quatre faisceaux
contrariés en une fois. Pour la
fig. 14 on glisse le troisième et
le quatrième faisceau par-dessus
le premier et le deuxième, ce qui
donne un motif une fois croisé,
tandis que pour la fig. 15 on
contrarie le troisième faisceau
avec le premier et le quatrième
avec le deuxième ; de cette manière les faisceaux paraissent
deux fois croisés.

Fig. 18. Quatre faisceaux
doublement contrariés en deux rangs.

La gravure fig. 16 indique
finalement la manière d'exécuter
en un tour une rivière triplement
croisée. Pour obtenir cet effet on
contrarie le quatrième faisceau avec le premier, le sixième avec
le troisième, le huitième avec le cinquième, et ainsi de suite.

Nous ajoutons encore deux modèles où les faisceaux sont
contrariés en deux rangs parallèles. La fig. 17 montre un rang
double des motifs de la fig. 10, et la fig. 18 un rang double
des motifs de la fig. 15. La position de l'aiguille indique
l'exécution du second rang.

Rivière à trois rangs avec faisceaux divisés une fois contrariés et petites rivières serpentines (fig. 19). — Les modèles des rivières qui vont suivre doivent montrer l'emploi que l'on peut faire des différents points de jours contrariés que nous venons d'expliquer.

Pour la rivière à trois rangs, fig. 19, on répète six fois le point de la fig. 3 ; la première et la sixième fois pour commencer et terminer la rivière, la deuxième et la cinquième fois après avoir extrait six fils du tissu, la troisième et la quatrième fois après avoir extrait huit fils. Tous les

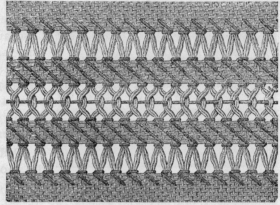

Fig. 19. Rivière à trois rangs
avec faisceaux divisés une fois contrariés
et petites rivières serpentines.

Fournitures : Grosse toile à fils doubles, en écru, et Coton perlé D·M·C Nᵒ 5, en Jaune-Crème 712.

faisceaux doivent être composés de quatre fils du tissu. La première et la troisième rivière doivent être exécutées d'après la fig. 4, la rivière du milieu d'après la fig. 11.

Rivière avec faisceaux contrariés en deux rangs (fig. 20). — En retirant douze fils du tissu et après

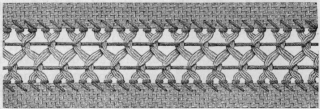

Fig. 20. Rivière avec faisceaux contrariés en deux rangs.

Fournitures : Étamine grosse à fils doubles, en écru, et Cordonnet spécial D·M·C Nᵒ 3, en blanc-neige.

avoir serti les bords avec le point fig. 3, exécuté par-dessus trois fils libres, on fait deux séries de points en contrariant les faisceaux entiers d'après la gravure explicative, fig. 17.

Rivière avec faisceaux contrariés triplement croisés et surbrodés (fig. 21). — Retirer vingt-cinq fils du tissu ; des points lancés obliques par-dessus six fils arrêtent de chaque côté les fils isolés.

On croise les faisceaux, au milieu de leur hauteur au moyen du point représenté par la fig. 16, après quoi on introduit

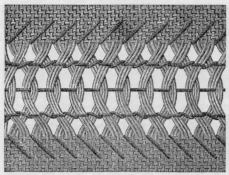

encore un fil de chaque côté du premier, en suivant les faisceaux provenant du premier assemblage. Les premiers fils passés, on enlace les faisceaux au moyen d'un second fil avec des points de surjet et on les enserre ainsi entre deux fils.

Différentes manières de nouer les faisceaux (fig. 22, 23, 24, 25, 26, 27, 28, 29, 30, 31). — Les rivières à faisceaux noués constituent une deuxième variante des

Fig. 21. Rivière avec faisceaux contrariés triplement croisés et surbrodés.
Fournitures : Grosse toile à fils doubles, en écru, et Lin pour tricoter et crocheter D·M·C Nᵒ 8, en blanc.

jours sur toile. Les faisceaux noués peuvent être exécutés en un ou plusieurs rangs parallèles et le fil auxiliaire, qui sert à faire les nœuds, peut être visible et former en même temps une

partie du dessin, ou bien n'être employé que pour les nœuds seuls et passer plus ou moins invisiblement d'un faisceau à l'autre.

Pour les jours simples on assemble les faisceaux de fils avec un nœud formé par un point de chaînette contrarié, dans des dessins plus riches on emploie aussi le point de cordonnet et le point de feston.

Fig. 22. Faisceaux triples une fois noués avec un fil vertical.

Nous recommandons d'exécuter tous ces genres de jours sur l'envers de l'ouvrage, de cette manière il sera plus facile de conduire invisiblement le fil d'un faisceau à l'autre et le nœud au point de chaînette se présentera aussi mieux ainsi.

Nous commençons notre série de modèles par les jours

noués travaillés en un seul rang et dans lesquels le fil auxiliaire reste visible ; la fig. 22 indique l'exécution du nœud au point de chaînette contrarié dans une rivière formée par des faisceaux triples, noués une fois. Le fil avec lequel on fait les nœuds d'assemblage descend verticalement et relie les faisceaux entre eux.

Dans la fig. 23 les faisceaux paraissent beaucoup plus longs, ils sont noués deux fois, ce qui forme un dessin avec baguettes horizontales au milieu de la rivière.

Fig. 23. Faisceaux triples noués deux fois parallèlement avec deux fils verticaux.

Pour la fig. 24 on assemble toujours quatre faisceaux, qui sont ensuite partagés dans le second rang de manière à former au milieu un dessin en serpentine.

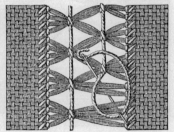

Dans les figures suivantes, le fil qui a servi à faire les nœuds est conduit par-dessus les faisceaux, sans paraître dans les vides du dessin.

La petite rivière fig. 25 est un exemple des jours simples sans bords arrêtés tels qu'on les exécute dans les petits ouvrages de fantaisie.

Fig. 24. Faisceaux quadruples partagés, noués deux fois avec deux fils verticaux.

Les faisceaux de fils sont noués en serpentine au moyen de simples points de chaînette et sans points de surjet entre ces derniers.

La fig. 26 montre un modèle analogue mais avec les bords arrêtés et les faisceaux entourés au milieu par un point de surjet.

Pour la rivière de la fig. 27 on noue chaque fois quatre faisceaux ; les baguettes

Fig. 25. Faisceaux simples une fois noués en serpentine sans points de surjet.

serpentines au milieu de la bande sont légèrement cordonnées.

La rivière fig. 28 est travaillée en deux rangs de faisceaux

Fig. 26. Faisceaux doubles
une fois noués en
serpentine avec points de
surjet.

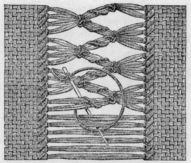

Fig. 27. Faisceaux quadruples
une fois noués
avec dessin serpentine cordonné.

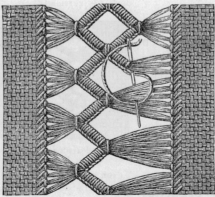

Fig. 28. Faisceaux sextuples
deux fois noués
avec dessin à carreaux festonnés.

sextuples, les barrettes du milieu, placées en forme de losanges, sont entourées de points de feston.

Le nœud turc simple, fig. 29, est souvent employé lorsque l'on veut garnir d'un rang d'œillets les bords d'une rivière large. Après avoir sorti deux à trois fils du tissu on en rassemble toujours trois à cinq par le nœud expliqué dans la gravure et l'on obtiendra un rang de petits trous tout à fait ronds.

La gravure fig. 30 indique l'emploi du nœud turc pour rassembler deux faisceaux dans une rivière plus large. On forme de cette façon des petites croix isolées, contrairement à celles de la fig. 22, où les motifs sont reliés visiblement·par le fil qui a servi à faire le nœud d'assemblage.

Finalement nous donnons avec la fig. 31 une petite rivière serpentine où le dessin est formé uniquement par des points de surjet horizontaux ; ce travail n'est pas très solide et nous conseillons de ne l'employer que dans certains ouvrages de fantaisie.

Les modèles de rivières qui vont suivre indiqueront l'emploi des points que nous venons de décrire ici.

Rivière à deux rangs de faisceaux triples une fois noués (fig. 32). — Retirer deux fois douze fils du tissu avec quatre fils d'intervalle et faire les bords d'après la fig. 3 sur deux fils. Après avoir fixé le fil, on noue trois faisceaux au moyen de trois points de chaînette contrariés, voir aussi la fig. 22. Le brin lancé au milieu du vide d'un faisceau à l'autre doit toujours avoir un peu de jeu.

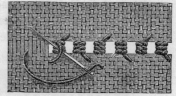

Fig. 29. Faisceaux simples noués avec le nœud turc.

Rivière à faisceaux noués avec baguettes verticales (fig. 33). — Les points arrêtant les bords sont exécutés par-dessus quatre fils, on enlève ensuite vingt fils entre les bords.

Le dessin même est exécuté d'après la fig. 23 avec cette différence cependant que l'on fera toujours trois points de chaînette au lieu d'un seul pour nouer les faisceaux.

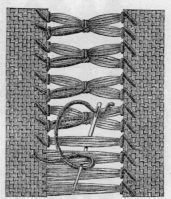

Rivière turque à deux rangs de faisceaux isolés (fig. 34). — Après avoir arrêté les fils du bord par des points sur trois fils en hauteur et quatre fils en largeur, on enlève pour chaque bande seize fils du tissu.

Les figures croisées de la seconde bande à jour sont interverties par rapport à celles de la première bande. Pour l'exécution du point, voir la gravure fig. 30.

Fig. 30. Faisceaux doubles noués avec le nœud turc.

Différentes manières de surbroder les faisceaux (fig. 35, 36, 37, 38). — Le troisième groupe de jours comprend les rivières avec faisceaux surbrodés; ces jours exigent pour leur exécution plus de peine et de patience que ceux des groupes précédents, car les faisceaux

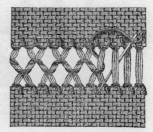

Fig. 31. Faisceaux noués en serpentine par des points horizontaux.

de fils disparaissent presque complètement et le dessin est uniquement formé par la broderie.

Le point employé le plus fréquemment pour ce genre de

jours est le point de reprise, qui est parfois accompagné du point de cordonnet et du point de feston.

La gravure fig. 35 explique la confection des barrettes ou brides cordonnées que l'on emploie soit pour garnir un ourlet étroit, soit pour exécuter des fonds grillagés dans des ouvrages de grandes dimensions. (Voir aussi les fonds, fig. 72 à 78 et les bordures fig. 97 et 99.) Comme l'indique la fig. 35,

Fig. 32. Rivière à deux rangs de faisceaux triples une fois noués.
Fournitures : Étamine grosse à fils doubles, en écru, Lin floche D·M·C Nº 16, en Jaune-Safran 749.

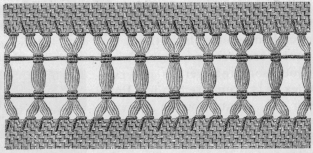

Fig. 33. Rivière à faisceaux noués avec baguettes verticales.
Fournitures : Étamine grosse, en crème, Cordonnet D·M·C Nº 5, en Jaune-Maïs 579.

le fil est conduit de haut en bas au milieu du faisceau à cordonner, puis, en commençant dans le bas, on entoure complètement de points de surjet ce faisceau, composé ici de quatre fils du tissu.

La fig. 36 montre des barrettes cordonnées placées en serpentine. Ici on exécute les barrettes alternativement vers le haut et vers le bas, et par-dessus des faisceaux de trois fils seulement. Au point de jonction de deux barrettes on réunit ces dernières au moyen de deux points de surjet par-dessus les

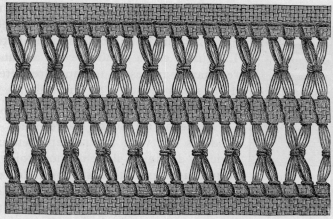

Fig. 34. Rivière turque à deux rangs de faisceaux isolés.
Fournitures : Toile de grosseur moyenne, en blanc, Coton perlé **D·M·C** N° 5, en Jaune-vieil-Or 680.

six fils dont elles sont composées; de cette façon on obtient une rivière à barrettes serpentines.

Les barrettes au point de reprise, fig. 37, demandent toujours des faisceaux avec un nombre pair de fils. Les barrettes

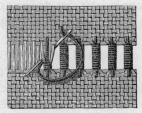

Fig. 35. Barrettes cordonnées,   Fig. 36. Barrettes cordonnées
isolées.   en rang serpentin.

se font de droite à gauche en allant et en revenant et en piquant l'aiguille toujours au milieu des fils du faisceau.

On passera le chas de l'aiguille en premier, la pointe tournée contre le dé, cette manière de faire facilite le travail et empêche de diviser les fils des faisceaux.

La barrette terminée, on tourne l'ouvrage, afin de pouvoir

toujours travailler dans le même sens, c'est-à-dire la partie terminée à droite de l'aiguille.

Pour montrer la manière d'exécuter de grands motifs au point de reprise, nous donnons avec la fig. 38 une rivière

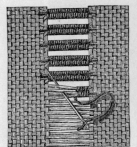

composée de pyramides en voie d'exécution et permettant de suivre la marche du travail. L'aiguille est à conduire en allant et en revenant par-dessus un nombre déterminé de faisceaux jusqu'à ce que tous les fils du tissu soient entièrement recouverts.

Rivières au point de reprise. — Les modèles qui vont suivre représentent des rivières d'origine slave ou hongroise ; elles sont toutes exécutées au point de reprise.

Fig. 37. Barrettes
au point de reprise.

Ces rivières sont employées comme bordure pour la garniture des objets de lingerie et de toilette ; on les exécute généralement en blanc sur de la toile écrue, plus rarement en couleur. Dans ce dernier cas, on se sert de préfé-

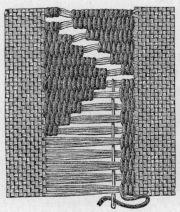

rence de tons très vifs : rouge, bleu, vert et orange, souvent même quelques parties sont brodées en noir. En dehors de ces modèles nous donnons encore une série de motifs persans copiés sur des voiles anciens qui sont connus pour leur grande beauté.

Dans ces genres de jours il arrive souvent que les points de broderie qui recouvrent les faisceaux occupent toute la largeur de la rivière, il sera donc superflu, dans ces cas, d'arrêter les fils du bord par des points de couture.

Fig. 38. Pyramides au point
de reprise.

Rivière avec deux rangs de barrettes au point de reprise en une seule couleur (fig. 39). — Retirer 14 fils. On fait passer le brin de manière à le faire disparaître sous les points de reprise qui se font par-dessus dix fils, en allant et en revenant, en nombre suffisant pour couvrir les fils isolés jusqu'à mi-hauteur.

Pour arriver au second faisceau, on repique l'aiguille sous les derniers points de reprise, on fait passer le brin sous les fils isolés et on commence le second faisceau en partageant les fils comme l'indique la figure. L'exécution des barrettes au point de reprise est aussi expliquée par la gravure fig. 37.

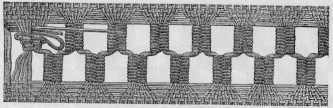

Fig. 39. Rivière avec deux rangs de barrettes au point de reprise
en une seule couleur.
Fournitures : Grosse toile, en crème, Cordonnet à la cloche D·M·C N° 5, en écru.

Rivière avec trois rangs de barrettes au point de reprise en trois couleurs (fig. 40). — Après avoir extrait dix-huit fils du tissu, on fait le même assemblage et le même point qu'à la figure précédente. Les barrettes ou brides travaillées également par-dessus des faisceaux de dix fils sont faites en trois

Fig. 40. Rivière avec trois rangs de barrettes au point de reprise en trois couleurs.
Fournitures : Étamine grosse à fils doubles, en blanc, Coton perlé D·M·C N° 5, en Rouge-Cardinal 304, Vert-Pistache 319 et Jaune-Mandarine 741.

couleurs. Une même nuance sert toujours pour trois faisceaux disposés en ligne diagonale.

Rivière avec trois rangs de barrettes au point de reprise, de longueurs différentes (fig. 41). — On arrête les fils du bord par des points lancés obliquement par-dessus quatre fils du tissu, puis on sort vingt fils horizontaux pour le jour. Les barrettes des deux rangs extérieurs, qui sont plus longues, doivent compter quelques points de plus que les barrettes intérieures qui sont presque carrées.

Rivière au point de reprise avec dessin à rayures biaisées (fig. 42). — Les bords sont garnis de points obliques par-dessus quatre fils du tissu ; pour le jour on sort 28 fils. Le dessin est composé de deux rangs obliques de cinq barrettes au point de reprise travaillées par-dessus deux faisceaux de fils qui alternent avec un rang oblique de cinq carrés travaillés par-dessus 3 faisceaux de fils.

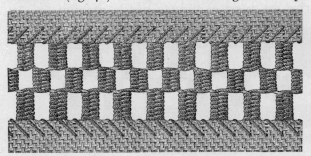

Fig. 41. Rivière avec trois rangs de barrettes au point de reprise, de longueurs différentes.
Fournitures : Grosse toile à fils doubles, en blanc, Lin floche D·M·C N° 8, en Bronze doré 588.

Rivière au point de reprise avec dessin à pyramides (fig. 43). — Dans ce dessin les bords sont également surbrodés de points obliques par-dessus quatre fils ; la rivière ajourée demande l'extraction de trente fils du tissu.

Les pyramides sont travaillées par-dessus douze faisceaux, les petits carrés posés en lignes obliques par-dessus deux faisceaux de fils.

Fig. 42. Rivière au point de reprise avec dessin à rayures biaisées.
Fournitures : Toile de grosseur moyenne, en blanc, Lin pour dentelles D·M·C N° 16, en blanc.

Rivière au point de reprise exécutée en trois couleurs (fig. 44). — Le dessin exige le retrait de trente fils et les bords

sont arrêtés par des points obliques par-dessus trois fils du
tissu. Un rapport de cette rivière demande vingt faisceaux.
On commence par les parties larges formant pyramides, qui
sont reprisées en bleu foncé par-dessus trois faisceaux. Les

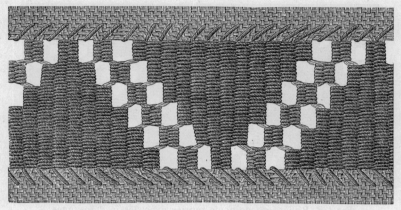

Fig. 43. Rivière au point de reprise avec dessin à pyramides.

Fournitures : Grosse toile, en blanc, Lin floche D·M·C, en Brun-Chamois 418
ou Mouliné spécial D·M·C, en Vert-Fauve 692.

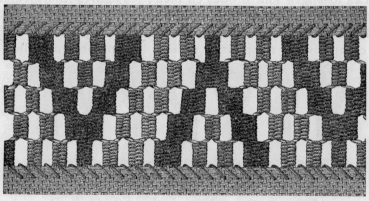

Fig. 44. Rivière au point de reprise exécutée en trois couleurs.

Fournitures : Toile de grosseur moyenne, en blanc, Lin floche D·M·C Nᵒ 8,
en Bleu-Indigo 311, Rouge-Géranium 349 et Jaune-Safran 725.

barrettes à l'intérieur des pyramides sont travaillées en rouge,
les barrettes entre les pyramides en jaune, et demandent pour
leur exécution deux faisceaux de fils.

Rivière au point de reprise avec dessin à losanges (fig. 45). — Pour le dessin de la fig. 45 on enlève 32 fils et l'on arrête les bords par des points obliques par-dessus trois fils du tissu. Un rapport de cette rivière exige 22 faisceaux de fils.

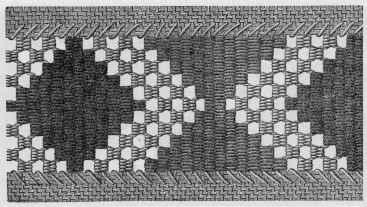

Fig. 45. Rivière au point de reprise avec dessin à losanges.
Fournitures : Grosse toile à fils doubles, en crème, Coton perlé D·M·C N· 5, en Bleu grand-teint 797, Rouge-Géranium 817 et Jaune-Mandarine 743.

Les losanges sont brodés en bleu ; les figures intermédiaires en rouge et l'encadrement des losanges en jaune.

Rivière à faisceaux isolés au point de reprise (fig. 46). — On compte vingt fils pour la rivière. Les points quadrillés qui

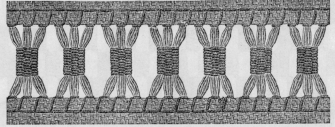

Fig. 46. Rivière à faisceaux isolés au point de reprise.
Fournitures : Étamine grosse à fils doubles, en crème, Mouliné spécial D·M·C N° 25, en Gris-Noisette 424.

la bordent se font par-dessus quatre fils, d'après la fig. 5. Trois faisceaux arrêtés et assemblés aux bords sont recouverts, au milieu, de dix à douze points de reprise. On arrête le fil à chaque bride terminée.

Rivière avec dessin au point de reprise exécutée en quatre couleurs (fig. 47). — On retire 28 fils. Les pyramides sont faites sur six faisceaux de trois fils chacun, dans une nuance moyenne et une nuance foncée de vert. La figure du centre, exécutée en Rouge-Aurore, rassemble trois faisceaux de gauche et trois de droite. Le petit noyau est brodé en noir.

Rivière au point de reprise et au point de cordonnet (fig. 48). — On enlève 20 fils. Des points de surjet, sur trois fils en hauteur et trois fils en largeur, bordent la rivière. Dans le bas un second rang de points de surjet fait suite au premier ;

Fig. 47. Rivière avec dessin au point de reprise exécutée en quatre couleurs.
Fournitures : Grosse toile à fils doubles, en blanc, Coton perlé D·M·C N° 5, en Vert-Scarabée 3348 et 3345, Rouge-Aurore 360 et Noir grand-teint 310.

ces points, lancés dans la même direction, se font par-dessus trois, six et neuf fils.

Le premier faisceau de trois fils de tissu doit être enlacé six fois par le fil à coudre, puis on remonte le fil vers le bord. On passe au second et au troisième faisceau, que l'on recouvre de six points de reprise, continués avec douze points sur le premier et le deuxième faisceau, jusqu'à ce qu'il ne reste de découvert que l'espace nécessaire aux six points de surjet. La seconde partie s'achève en sens inverse.

Différentes manières de réunir les faisceaux par des figures décoratives. — Dans ce dernier groupe de rivières les faisceaux de fils sont réunis par des motifs à l'aiguille, ce qui permet d'exécuter un grand nombre de dessins variés. Les différents genres de motifs décoratifs employés dans la dentelle

Renaissance, la dentelle Ténériffe et le filet brodé peuvent être utilisés pour ces rivières.

Les motifs que l'on exécute le plus souvent sont les roues ou araignées, qui sont employées tantôt isolément tantôt accompagnées de lignes nouées, ensuite viennent les ronds et

Fig. 48. Rivière au point de reprise et au point de cordonnet.
Fournitures : Étamine grosse, en écru, Cordonnet spécial D·M·C N° 5, en écru.

festons cordonnés ou brodés en relief, les picots et les rosaces au point de poste, etc.

Rivière à roues (fig. 49). — Les fils du bord sont arrêtés par le point croisé, fig. 7. On réunit quatre faisceaux pour une roue. Le fil fixé au milieu de la rivière passe alternative-

Fig. 49. Rivière à roues.
Fournitures : Étamine fine, en crème, Fil à dentelles D·M·C N° 3o, en écru.

ment par-dessus et par-dessous un faisceau. On fait plusieurs tours comme à la reprise, on s'arrête là où le fil est entré pour former la roue, et on passe sous la roue pour arriver aux quatre faisceaux suivants. Pour l'exécution des roues, voir aussi les fig. 81 et 82.

Rivière à roues avec petites rivières d'échelle (fig. 5o). Retirer 5 fils pour les rivières étroites et 22 fils pour la rivière

large. Assembler pour les bords extérieurs quatre fils du tissu
d'après la fig. 3, les bandes en étoffe sont bordées de points
croisés, voir fig. 6. Les faisceaux du milieu sont réunis des
deux côtés par un point-arrière noué représenté dans la figure,
puis on en rassemble toujours quatre et quatre à mi-longueur

Fig. 5o. Rivière à roues avec petites rivières d'échelle.
Fournitures : Grosse toile, en écru, Lin pour tricoter et crocheter D·M·C Nº 8, en blanc.

Fig. 5i. Rivière à roues entières et demi-roues.
Fournitures : Étamine fine, en crème, Mouliné spécial D·M·C Nº 25,
en Brun-Rouille 3314.

par trois points de chaînette contrariés, voir fig. 22, après lesquels on fait passer le fil à l'entre-croisement des fils des deux
premières lignes de points, pour y former une roue sur cinq
fils, avant de passer aux brides suivantes.

Rivière à roues entières et demi-roues (fig. 5i). — Pour la
rivière on retire 24 fils du tissu : les bords sont arrêtés par des

demi-roues, on commence par mener le fil par-dessus les deux fils du milieu, puis on avance successivement des deux côtés jusqu'à ce que l'on ait fait entrer huit fils dans le demi-cercle.

Les roues entières sont exécutées isolément et par-dessus les mêmes faisceaux de fils que les demi-roues.

Fig. 52. Rivière avec barrettes au point de reprise et œillets cordonnés.
Fournitures : Grosse toile à fils doubles, en crème, Lin pour dentelles
D·M·C N° 25, en blanc.

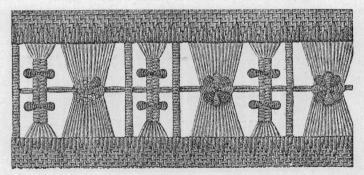

Fig. 53. Rivière avec brides et rosaces ornées au point de poste.
Fournitures : Toile de grosseur moyenne, en blanc, Lin pour dentelles D·M·C
N° 16, en Jaune-Maïs 579.

Rivière avec barrettes au point de reprise et œillets cordonnés (fig. 52). — On retire 28 fils. Les bords sont à garnir de points lancés verticaux sur une hauteur de deux jusqu'à cinq fils. Le dessin même est à commencer au milieu sur neuf fils de tissu avec huit à neuf points de cordonnet, puis on sépare les fils en trois parties égales et on ajoute, de chaque côté des premiers points, douze à quatorze points de reprise, ne laissant ainsi à découvert que 5 millimètres, au plus, des fils isolés. Lorsque deux brides au point de reprise sont terminées, on les réunit par quatre points de feston — un point d'esprit — puis on enlace encore plusieurs fois le fil simple et on recouvre le rond de points de cordonnet serrés.

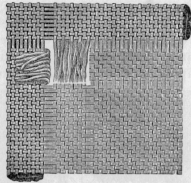

Fig. 54. Manière de couper et d'isoler les fils dans les coins.

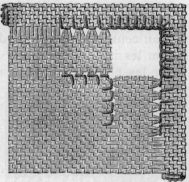

Fig. 55. Arrêt des fils dans un coin par des points de boutonnière.

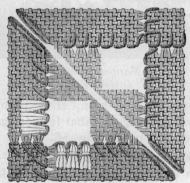

Fig. 56. Report et arrêt des fils sur l'envers d'un ouvrage.

Fig. 57. Formation du coin de la rivière fig. 10.

Rivière avec brides et rosaces ornées au point de poste (fig. 53). — On retire 24 fils. Les bords sont ornés de points lancés verticaux par-dessus deux, trois, quatre et cinq fils. On compte quatre fils pour les brides cordonnées, huit fils pour la bride au point de reprise, ornée de picots au point de poste et seize fils pour établir le fond de la rosace. On assemble les

fils du tissu par une roue, qu'on recouvre ensuite entièrement
de points de poste. La maille rattachant une bride à l'autre
se fait pendant le travail même. Arrivé au point voulu, on
lance le fil vers la première bride et on revient ensuite pour
la terminer. Comme on le voit par la gravure, le modèle peut
aussi être exécuté en deux nuances.

Arrangement des rivières dans les coins (fig. 54, 55, 56).
Lorsque les rivières bordent un ouvrage carré, on coupe les
fils à un centimètre du bord de l'ourlet ou de la rivière même,
puis on les isole, comme on peut le voir à la fig. 54. On fait
rentrer les fils isolés dans le rempli de l'ourlet et on les y fixe

Fig. 58. Formation du coin de la   Fig. 59. Formation du coin de la
rivière fig. 50.   rivière fig. 32.

par des points de boutonnière, fig. 55, ou bien, si le point
d'ourlet ne doit pas souffrir d'interruption, on rabat les fils sur
l'envers et on les y arrête par quelques points, fig. 56.

Formation des coins de rivières à un rang (fig. 57). —
Par le retrait des fils de chaîne et de trame on obtient dans le
coin un vide carré qui est rempli ensuite par une petite figure
décorative. Comme exemple nous donnons avec la gravure,
fig. 57, la petite rivière avec faisceaux contrariés, fig. 10, dont
le coin vide est garni d'une araignée à huit rayons.

On mène le fil de la première rivière jusqu'au bord opposé,
on le fait entrer dans l'ourlet, puis on le ramène jusqu'au centre
de la roue que l'on doit former ; on trace les autres cinq rayons,
on fait la roue sur sept fils, on arrête le brin du côté opposé à

la seconde rivière, on le fait passer sur la roue et on fait le huitième rayon en lançant le fil jusqu'à la seconde rivière.

Formation des coins de rivières à plusieurs rangs (fig. 58 et 59). — Dans les rivières à jour à plusieurs rangs, on peut faire les coins de deux manières différentes ; ou bien on coupe

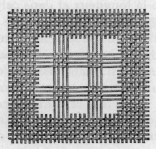
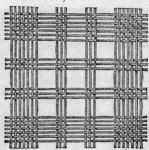

Fig. 60. Découpage des fils dans
l'intérieur du tissu.

Fig. 61. Enlevage des fils sur
toute la surface du tissu.

les fils directement à chaque bande d'étoffe, ou bien on éloigne tous les fils jusqu'à l'ourlet. Nous donnons ici un exemple pour chaque genre.

La gravure fig. 58 nous montre le coin de la rivière fig. 50, pour lequel on a coupé les fils jusqu'à chaque bande d'étoffe.

Fig. 62. Bord festonné pour broderie
au point coupé.

Fig. 63. Bord cordonné pour broderie
au point coupé.

Les petits coins sont remplis par une araignée simple à quatre rayons, le grand coin par une araignée à douze rayons richement ornée, voir aussi la gravure fig. 84.

Le coin fig. 59 de la rivière fig. 32 demande plus de peine. Ici on a coupé tous les fils près de l'ourlet ; les fils libres provenant des bandes d'étoffe du milieu sont transformés en brides au point de reprise, et les quatre coins vides sont garnis d'araignées à huit rayons.

Point coupé (Punto tagliato). — Pour exécuter des broderies au point coupé on retire les fils du tissu dans le sens de la longueur et dans celui de la largeur.

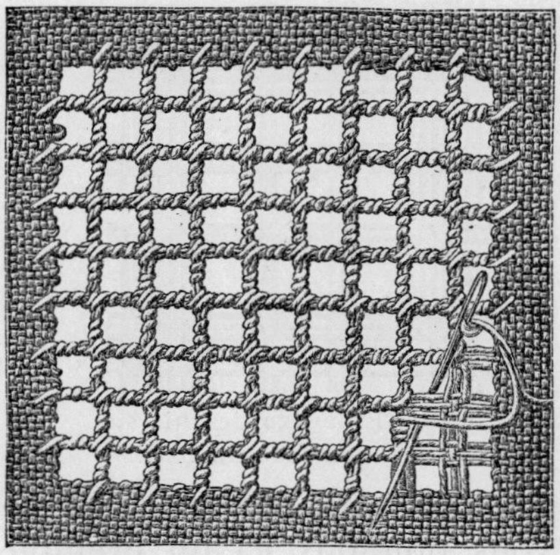

La quantité de fils à enlever dépend non seulement du dessin choisi, mais aussi de l'étoffe sur laquelle on veut broder.

Les fils restant entre les vides servent alors de canevas pour les différents genres de points.

On aura bien soin de ne choisir que des étoffes ayant la chaîne et la trame de grosseur égale, afin que les vides provenant de l'enlevage des fils forment toujours exactement un carré, autrement l'aspect de l'ouvrage terminé en souffrirait beaucoup.

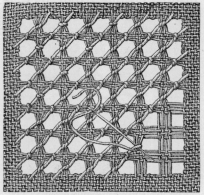

Fig. 64. Premier fond à jour. Avec baguettes horizontales et verticales.

Fig. 65. Deuxième fond à jour. Avec faisceaux liés en rangs obliques.

Le point coupé à la machine. — Comme les modèles au point tiré on peut aussi faire à la machine les modèles au point coupé. Pour l'exécution voir les renseignements à la page 5.

Découpage des fils dans l'intérieur du tissu (fig. 60). — Bien des broderies au point coupé se trouvent encadrées dans un autre genre de broderies. Dans ces cas, on coupe les fils à quelques millimètres vers l'intérieur de l'ouvrage, puis alors seulement on les isole, pour se ménager un bord intact dans le tissu. Les fils doivent être extraits en nombre égal dans les deux sens de l'étoffe. Pour la plupart des dessins il est nécessaire de laisser subsister autant de fils qu'on en a enlevés. La fig. 60 montre quatre fils retirés et quatre fils maintenus.

Enlevage des fils sur toute la surface du tissu (fig. 61). — Dans la fig. 61, où les fils sont sortis jusqu'au bord, on remarquera quatre fils enlevés sur trois de maintenus. Il est permis de faire cette différence lorsqu'on veut rendre l'ouvrage plus transparent qu'il ne le serait en enlevant et en recouvrant le même nombre de fils.

Bord festonné pour broderie au point coupé (fig. 62). Pour éviter que les bords des tissus découpés s'effilent, on borde la coupure de points de feston ou de points de boutonnière, tel que l'indique la gravure fig. 62.

Bord cordonné pour broderie au point coupé (fig. 63). — Un petit cordonnet ou surfilé est presque plus avantageux que le feston pour consolider les bords des dessins finement contournés. On calcule, avant de couper dans l'étoffe, combien de fils il faut découper, puis on trace par un faufil le dessin que l'on veut

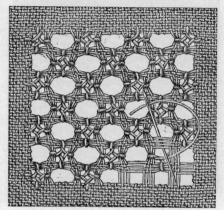

Fig. 66. Troisième fond à jour.
Avec points d'esprit contrariés.

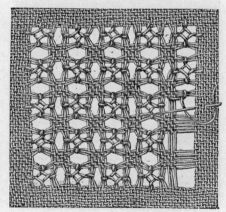

Fig. 67. Quatrième fond à jour.
Avec points d'esprit alignés.

faire ; ce tracé exécuté, on coupe, à une distance de deux fils à l'intérieur de la ligne indiquée par le faufil, l'étoffe qui doit être enlevée, puis on surfile immédiatement le bord coupé par-dessus un ou deux fils de rembourrage, ce qui donne un petit relief aux bords.

Fonds. — Les seize motifs que nous décrivons ci-après et que l'on désigne sous le nom de « fonds », sont principalement employés pour garnir des parties ajourées dans des ouvrages d'une certaine importance comme dimensions, voir planche 16;

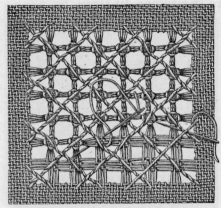

Fig. 68. Cinquième fond à jour.
Avec réseau oblique.

Fig. 69. Sixième fond à jour.
Avec faisceaux noués et remplissage
d'araignées simples.

on peut aussi les utiliser pour des entre-deux ou des bordures dentelées, comme cela a été fait pour les modèles de nos planches 11 et 12.

Les motifs les plus faciles à exécuter sont ceux où les faisceaux ne sont surbrodés qu'en partie ou simplement noués, comme ceux de nos premières figures. Elles sont suivies de modèles avec fond de brides cordonnées ou de brides au point de reprise, copiés sur des ouvrages anciens de provenance italienne et persane. L'exécution de ces motifs est assez longue et assez difficile, mais nos lectrices seront récompensées de leur peine par la beauté et la solidité de l'ouvrage terminé.

Premier fond à jour. Avec baguettes horizontales et verticales (fig. 64). En hauteur et en largeur : couper trois fils avec trois fils d'intervalle.

En retirant les fils coupés, on obtient un fond ajouré rappelant le filet. Les fils isolés sont surfilés en rangs obliques, de manière à faire des baguettes rondes. Les points de croisement des fils sont couverts à chaque passage avec un point oblique; les baguettes, suivant leur direction, avec deux points verticaux ou deux points horizontaux, comme l'indique la gravure.

Deuxième fond à jour. Avec faisceaux liés en rangs obliques (fig. 65). — En hauteur et en largeur : couper quatre fils avec quatre fils d'intervalle.

Le fond est également exécuté en rangs obliques ; le dessin est formé par un gros fil qui lie les faisceaux au moyen d'un simple nœud, dont la formation est expliquée par la gravure.

Troisième fond à jour. Avec points d'esprit contrariés (fig. 66). — En hauteur et en largeur : couper quatre fils avec quatre fils d'intervalle.

Ici le dessin se produit par des points d'esprit isolés posés dans chaque deuxième vide et qui embrassent dans tous les sens les quatre fils libres du réseau.

Comme on peut le voir dans la gravure, ces points sont exécutés en rangs obliques, et le fil de passage d'un point à l'autre est caché sous le petit carré d'étoffe.

Quatrième fond à jour. Avec points d'esprit alignés (fig. 67). — En hauteur et en largeur : couper six fils avec six fils d'intervalle.

Ce fond paraît plus cou-

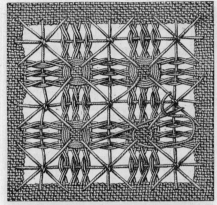

Fig. 70. Septième fond à jour. Avec faisceaux contrariés, remplissage d'araignées simples et roues au point de reprise.

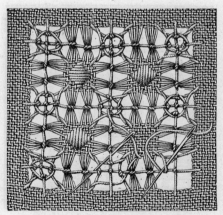

Fig. 71. Huitième fond à jour. Avec faisceaux noués, araignées au point d'esprit et losanges au point plat.

vert que le précédent, chaque vide est rempli par un point d'esprit, qui n'est à entrelacer que par-dessus trois fils libres du réseau et à travailler en rangs verticaux. De cette manière on obtient par les faisceaux divisés des œillets ovales entre les carrés d'étoffe.

Cinquième fond à jour. Avec réseau oblique (fig. 68). — En hauteur et en largeur : couper quatre fils avec quatre fils d'intervalle.

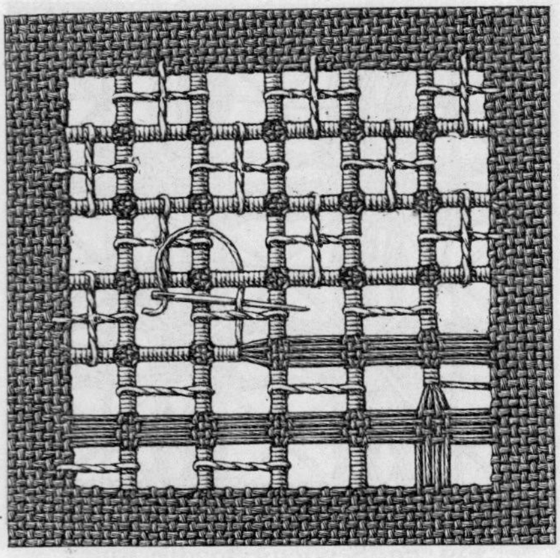

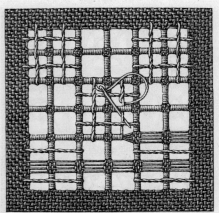

Fig. 72. Neuvième fond.
Avec barrettes cordonnées et petites croix surjetées.

Fig. 73. Dixième fond.
Avec barrettes cordonnées et carrés de petites croix surjetées.

On commence par faire le réseau oblique, pour lequel on tend un fil qui est recouvert ensuite par des points de surjet bien espacés.

Dans la gravure tous les fils allant de droite à gauche sont tendus et surjetés, de même une partie de fils allant de gauche à droite et se croisant avec les premiers ; on peut aussi y voir la manière de tendre et de surjeter le fil.

Le réseau entièrement terminé, on encadre chaque carré d'étoffe — qui paraît couvert d'un fil tendu obliquement — d'un point quadrillé, voir fig. 5, qui est à exécuter en rangs horizontaux.

Sixième fond à jour. Avec faisceaux noués et remplissage d'araignées simples (fig. 69). — En hauteur et en largeur : couper neuf fils avec neuf fils d'intervalle.

Avec les fils libres on forme des faisceaux liés une fois en sens horizontal ou vertical, au moyen du nœud qui est expli-

qué pour le fond fig. 65 ou par un point de chaînette contrarié. Lorsque tous les faisceaux sont noués, on tend les fils obliques qui complètent les araignées. Ici le fil passe — toujours en sens oblique — par-dessus le 1ᵉʳ, 2ᵐᵉ et 3ᵐᵉ, sous le 4ᵐᵉ, 5ᵐᵉ et 6ᵐᵉ et par-dessus le 7ᵐᵉ, 8ᵐᵉ et 9ᵐᵉ des neuf fils des carrés d'étoffe, ce qui donne plus de résistance à ce jour. On commence par tendre les fils allant de gauche à droite, puis, cette couche achevée, on tend les fils dans l'autre sens, en ayant soin de les réunir au centre par un nœud et de mettre ainsi dans chaque vide une petite araignée à huit branches.

Septième fond à jour. Avec faisceaux contrariés, remplissage d'araignées simples et roues au point de reprise (fig. 70). — En hauteur et en largeur : couper douze fils avec douze fils d'intervalle.

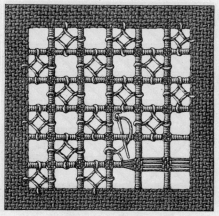

Fig. 74. Onzième fond.
Avec barrettes cordonnées et points
d'esprit contrariés.

Les fils libres divisés en trois faisceaux égaux sont à partager et à contrarier en rangs horizontaux et en rangs verticaux. Lorsque tous les faisceaux sont contrariés, on commence à tendre les fils obliques, qui sont à passer par-dessus le 1ᵉʳ au 4ᵐᵉ, sous le 5ᵐᵉ au 8ᵐᵉ et par-dessus le 9ᵐᵉ au 12ᵐᵉ des fils des carrés d'étoffe. Dans les points de croisement on relie tous les fils tendus par un nœud simple, en formant ainsi des araignées.

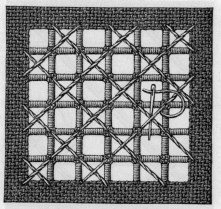

Fig. 75. Douzième fond.
Avec barrettes cordonnées et croix
surjetées obliques.

Les carrés d'étoffe sont finalement garnis d'une petite roue au point de reprise, pour lequel on passe le fil quatre fois sous les fils tendus obliquement.

Huitième fond à jour. Avec faisceaux noués, araignées au point d'esprit et losanges au point plat (fig. 71). — En hauteur et en largeur: couper douze fils avec douze fils d'intervalle. Les fils libres sont à diviser en deux groupes égaux et à

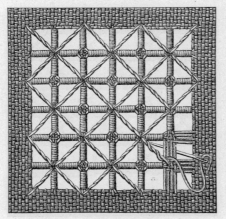

Fig. 76. Treizième fond.
Avec barrettes cordonnées et brides
surjetées obliques.

Fig. 77. Quatorzième fond. Avec barrettes
cordonnées et croix obliques composées
de barrettes au point de reprise.

nouer au milieu par un nœud simple en sens horizontal et en sens vertical. Les vides sont remplis par un point d'esprit placé dans les coins des carrés d'étoffe et qui est à lier aux fils tendus, chaque fois par un nœud simple. Finalement on garnit les carrés d'étoffe d'un losange à points lancés alternativement en sens vertical ou en sens horizontal.

Neuvième fond. Avec barrettes cordonnées et petites croix surjetées (fig. 72). — En hauteur et en largeur : couper quatre fils avec quatre fils d'intervalle.

On commence par les rangs verticaux de barrettes cordonnées, que l'on exécute d'après les indications données pour la fig. 35; arrivé au milieu de chaque deuxième barrette on lance un fil horizontal pour former les brides surjetées pour les petites croix. En exécutant les rangs de barrettes horizontaux on lance les fils verticaux qui doivent se croiser avec les brides horizontales afin de former des petites croix, voir aussi la position de l'aiguille sur la gravure.

Dixième fond. Avec barrettes cordonnées et carrés de petites croix surjetées (fig. 73). — En hauteur et en largeur : couper quatre fils avec quatre fils d'intervalle. Dans ce modèle quatre carrés vides alternent régulièrement avec quatre carrés garnis de petites croix surjetées.

L'exécution de ce fond est la même que pour le fond précédent : on fait d'abord les rangs de barrettes verticales avec les brides surjetées horizontales puis en cordonnant les barrettes horizontales on achève les petites croix par les brides verticales.

Onzième fond. Avec barrettes cordonnées et points d'esprit contrariés (fig. 74). — En hauteur et en largeur : couper quatre fils avec quatre fils d'intervalle.

Ce modèle, qui a beaucoup de ressemblance avec celui de la fig. 66, est également garni de points d'esprit. On termine en premier tous les rangs verticaux de brides cordonnées, puis, en exécutant les rangs horizontaux, on ajoute dans chaque deuxième vide un point d'esprit, que l'on commencera toujours au milieu d'une bride.

Douzième fond. Avec barrettes cordonnées et croix surjetées obliques (fig. 75). — En hauteur et en largeur : couper quatre fils avec quatre fils d'intervalle.

Fig. 78. Quinzième fond. Avec barrettes doubles cordonnées et araignées au point de reprise simple.

Fig. 79. Seizième fond. Avec barrettes au point de reprise contrarié et araignées au point de reprise simple.

Notre gravure fig. 75 représente un fond à barrettes cordonnées avec croix obliques de brides surjetées, qui rappelle le dessin de la fig. 68. On termine d'abord le fond cordonné,

puis indépendamment de ce dernier, on ajoute les croix surjetées. Pour ces croix on exécute en premier lieu toutes les
brides obliques allant, dans chaque deuxième vide, de droite à
gauche, puis on complète les croix
en ajoutant les rangs de brides
allant de gauche à droite, voir
aussi la position de l'aiguille dans
la gravure.

Fig. 80. Manière de tendre et de
surjeter les rayons.

**Treizième fond. Avec barrettes
cordonnées et brides surjetées
obliques** (fig. 76). — En hauteur
et en largeur: couper quatre fils
avec quatre fils d'intervalle.

Ce fond paraît un peu plus ajouré
que le précédent, car les vides ne
sont garnis que par des brides surjetées. Le fond cordonné se fait ici
en rangs obliques, voir fig. 64, puis,
partant du milieu des petits carrés
d'étoffe, on exécute en même temps
les brides surjetées.

Fig. 81. Exécution de l'araignée
au point de reprise contrarié.

**Quatorzième fond. Avec bar-
rettes cordonnées et croix obliques composées de barrettes au
point de reprise** (fig. 77). — En
hauteur et en largeur: couper quatre
fils avec quatre fils d'intervalle.

Ce fond se compose de nouveau
de quatre carrés vides alternant avec
quatre carrés garnis d'une croix de
brides au point de reprise. Le fond
de barrettes cordonnées terminé, on
exécute les brides au point de reprise
en rangs obliques allant par-dessus
la surface entière. Pour chaque bride
on tend deux fils, le point de reprise
se fait d'après les indications données
pour la fig. 37.

Fig. 82. Araignée à huit rayons.
Terminée.

Quinzième fond. Avec barrettes doubles cordonnées et araignées au point de reprise simple (fig. 78). — En hauteur et en largeur : couper six fils avec six fils d'intervalle.

Pour ce dessin on exécute d'abord entièrement les rangs doubles de barrettes verticales, qui sont cordonnées ; on place, pendant ce travail, deux points horizontaux par-dessus trois fils dans le milieu des petits carrés d'étoffe qui se forment à l'intersection des barrettes. En exécutant les barrettes horizontales on pose les deux points verticaux et en même temps les araignées au point de reprise simple.

Fig. 83. Manière de tendre les rayons de fil simple.

Seizième fond. Avec barrettes au point de reprise contrarié et araignées au point de reprise simple (fig. 79). — En hauteur et en largeur : couper six fils avec six fils d'intervalle.

Le fond de barrettes au point de reprise contrarié se fait en rangs obliques ; on exécute alternativement une barrette horizontale et une barrette verticale, voir la fig. 37. Les araignées au point de reprise simple sont faites en même temps que les barrettes ; les rayons partent du milieu des carrés d'étoffe.

Fig. 84. Manière d'ajouter le rang de nœuds.

Motifs divers. — Il nous reste à expliquer la manière d'exécuter quelques-uns des motifs qui sont

Fig. 85. Manière d'exécuter le rang de petites araignées au point de reprise simple.

souvent employés pour garnir les coins dans les rivières simples, ou pour remplir les vides dans les jours riches au point coupé. Dans ces derniers les fils de trame et de chaîne sont entièrement enlevés et les motifs décoratifs sont exécutés dans le vide à la manière des ouvrages de dentelles à l'aiguille; ce n'est que dans les parties ajourées de dimensions importantes qu'on laisse parfois des faisceaux de fils au moyen desquels l'espace vide à remplir est subdivisé en parties égales.

Fig. 86. Motif en spirale.

Araignée à huit rayons (fig. 80, 81, 82). — Les motifs les plus simples sont les roues ou araignées. La fig. 80 explique la manière de tendre les rayons surjetés : on fixe le fil à gauche dans le coin du bas, puis on le mène obliquement vers la droite dans le coin du haut, on le surjette jusqu'à mi-longueur, puis on tend les rayons horizontaux vers la gauche et vers la droite, les rayons obliques allant à gauche vers le haut et à droite, dans le bas et finalement les rayons verticaux. L'araignée proprement dite est exécutée au point de reprise contrarié ; on passe le fil alternativement dans un

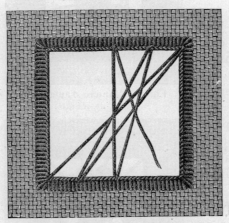

Fig. 87. Manière de tendre les rayons de fils doubles.

rang par-dessus tous les rayons obliques et dans le rang suivant par-dessus tous les rayons droits ; arrivé à la fin de chaque rang on soulève toujours deux rayons afin d'arriver à obtenir des rangs de points contrariés. La gravure fig. 82 nous montre une araignée à huit rayons terminée.

Rosace composée d'une grande et de douze petites araignées (fig. 83, 84, 85). — Cette figure demande un réseau de douze rayons de fil simple.

On commence à gauche dans le bas et on mène le fil à droite dans le coin du haut, on sort l'aiguille dans le bord du haut au tiers de chemin du coin, on tend le second rayon vers le bas, on sort l'aiguille en bas à la même distance du coin à droite, on tend le rayon vers le haut, puis dans le coin à gauche et ainsi de suite. Le centre est garni d'une araignée au point de reprise contrarié; à peu de distance de cette dernière on forme par-dessus les rayons un rang de nœuds au point de chaînette contrarié, voir fig. 84, par-dessus lesquels on exécute dans un tour suivant des petites roues au point de reprise simple, voir fig. 85.

Fig. 88. Manière de contrarier les fils doubles des rayons.

Motif en spirale (fig. 86). On rencontre ce motif en spirale dans les ouvrages de provenance américaine. Après avoir tendu seize rayons de fil simple on les rassemble au milieu par une petite araignée au point de reprise contrarié et avec le même fil on continue à faire

Fig. 89. Araignée avec rayons une fois contrariés. Terminée.

des rangs de nœuds en forme de spirale, en se servant du point de chaînette contrarié, jusqu'à ce qu'on rencontre le bord de l'étoffe.

Araignée avec rayons une fois contrariés (fig. 87, 88, 89). Ici les rayons sont composés de fils doubles qui sont tendus de la même manière que pour les dentelles Ténériffe, voir aussi la gravure explicative, fig. 87. L'araignée même au point de reprise contrarié est exécutée par-dessus les fils doubles.

Fig. 90. Réseau tendu avec araignée au centre. Manière d'ajouter le rang de nœuds au point de chaînette contrarié.

La fig. 88 explique la manière de diviser et de contrarier une fois les fils doubles des rayons et la fig. 89 nous montre le motif terminé.

Motif quadruple avec ornements au point de reprise (fig. 90 et 91). — Dans ce motif le vide est divisé en quatre petits carrés égaux par six fils verticaux et six fils horizontaux, que l'on a laissés subsister.

Dans chaque vide on tend cinq rayons de fil simple, qui se rencontrent au centre, dans lequel on exécute une araignée au point de reprise contrarié. Puis on ajoute encore, bien au milieu de l'espace entre la roue et le bord, un rang circulaire de nœuds au point de chaînette contrarié ; les faisceaux composés de six fils du tissu sont divisés et noués en deux parties, les rayons de fils tendus, au contraire,

Fig. 91. Manière d'ajouter les triangles au point de reprise contrarié.

sont rassemblés par un seul nœud, voir fig. 90. Pour terminer le motif on ajoute encore dans chaque coin, à l'extérieur du nœud d'assemblage, un triangle au point de reprise contrarié, voir fig. 91.

Bord dentelé. — Lorsqu'on désire terminer un ouvrage ajouré par de petites dents, les bords de l'ouvrage devront être soigneusement arrêtés, selon le dessin, par un rang de points

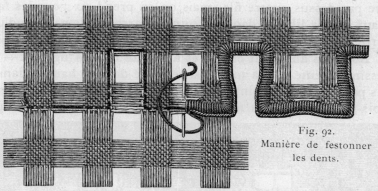

Fig. 92.
Manière de festonner
les dents.

de feston ou de points de cordonnet et cela avant de découper le tissu qui dépasse.

Manière de festonner les dents (fig. 92). — On fait un tracé de deux rangs de points devant — l'un complétant l'autre — au milieu du tissu à festonner et on lance simplement les brins par-dessus les faisceaux de fils. Les points de feston doivent être

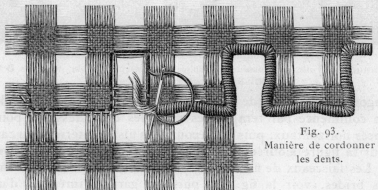

Fig. 93.
Manière de cordonner
les dents.

exécutés par-dessus chaque fil du tissu et sont placés en rangs très serrés par-dessus les faisceaux libres, voir fig. 92. Les dents terminées, on découpe le tissu qui dépasse.

Manière de cordonner les dents (fig. 93). — Pour faire des dents cordonnées il est également bon de faire d'abord un tracé. De plus, pour donner plus de relief aux bords, on ajoute un

gros fil, fortement tordu, par-dessus lequel on exécute les points
de cordonnet. Dans nos gravures fig. 92 et 93 les points de
feston et les points de cordonnet ne sont exécutés dans le tissu
que par-dessus quatre fils, mais on en prend six pour les faisceaux de fils libres ; dans les coins on arrondit le passage d'une
partie à l'autre au moyen de quelques points auxiliaires.

Bordure au point coupé et à points lancés (fig. 94). — Le
dessin, exécuté sur la toile, est terminé dans le haut et dans le
bas par un rang de points quadrillés ajourés, fig. 5, travaillés sur
trois fils du tissu ; au moyen du même point, exécuté en ligne

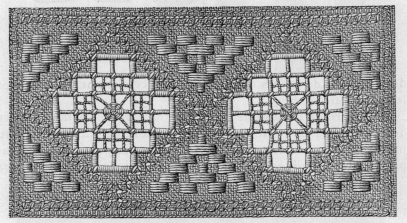

Fig. 94. Bordure au point coupé et à points lancés.
Fournitures : Toile de grosseur moyenne, en crème, Lin pour dentelles D·M·C
et Mouliné spécial D·M·C, en blanc.

diagonale, l'intérieur de la bande est divisé en carrés et triangles.
On commence par remplir les triangles d'un dessin à points
lancés horizontaux, puis on découpe les fils à l'intérieur du carré
pour la figure ajourée et l'on surfile les bords, voir la fig. 63.
Les faisceaux de fils sont à surjeter de manière à en former
des brides, voir la fig. 35, puis on garnit l'intérieur d'une
roue au point de reprise, et dans les huit carrés vides touchant
à cette roue, on brode des petites croix, composées de deux
brides surjetées entre-croisées, voir aussi les fig. 72 et 73.
Comme fournitures on emploiera un fil de torsion moyenne,
le Lin pour dentelles D·M·C, pour le travail au point coupé ; un
fil floche, le Mouliné spécial D·M·C, pour le point lancé.

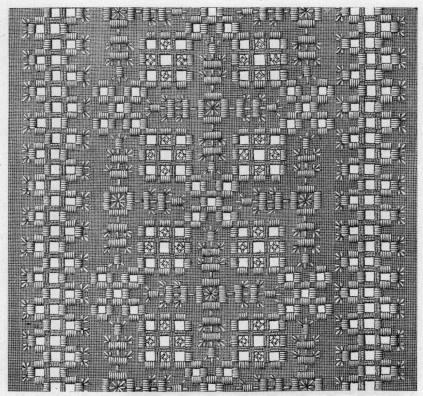

Fig. 95. Bordure. Travail norvégien « Hardanger ».
Fournitures : Grosse toile à fils doubles, en crème, Coton perlé D·M·C Nᵒ 5
et Lin pour dentelles D·M·C Nᵒ 25, en blanc.

Bordure. Travail norvégien « Hardanger » (fig. 95 et 96). — Cette bordure représente le genre de jour norvégien connu sous le nom de « Hardanger ». Comme fond on emploie de la toile à gros fils, couleur crème, sur laquelle on brode les parties à points lancés avec du Coton perlé D·M·C Nᵒ 5, blanc ; pour les brides au point de reprise et pour le point d'esprit on se sert du Lin pour dentelles D·M·C Nᵒ 25. On commence la broderie par les contours à points

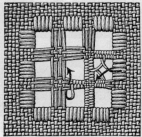

Fig. 96. Surfilage des bords et exécution des brides au point de reprise et araignées au point d'esprit.
Détail de la bordure fig. 95.

plats avec points d'ornement par-dessus quatre fils du tissu ;
puis seulement, une fois tous les contours brodés, on enlève
soigneusement, avec une bonne paire de ciseaux, les fils pour

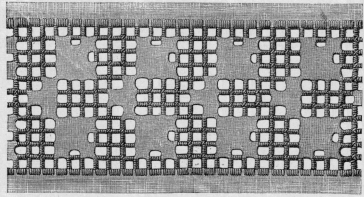

Fig. 97. Bordure au point coupé avec fond à barrettes cordonnées et
dessin réservé au point de toile.
Fournitures : Toile de grosseur moyenne, en crème, Lin floche D·M·C,
en Bleu-Indigo 334 et écru.

les parties ajourées, contrairement à ce qui se fait pour les
jours sur toile proprement dits où l'on découpe d'abord les fils
pour broder ensuite les contours. La gravure fig. 96 montre
la manière de faire les brides au point de reprise et de poser les araignées au point d'esprit.

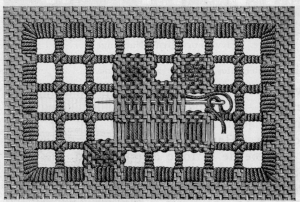

Fig. 98. Exécution du point de toile
pour réserver un dessin dans le point coupé.
(Détail de la fig. 97.)

Bordure au point coupé avec fond à barrettes cordonnées et dessin réservé au point de toile (fig. 97 et 98). — Il existe un grand nombre de broderies au point coupé de provenance italienne, dans lesquelles le dessin est réservé. On appelle dessin réservé

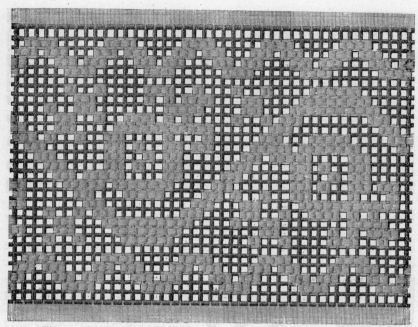

Fig. 99. Bordure au point coupé avec fond à barrettes cordonnées
et dessin réservé au point de reprise.
Fournitures : Toile fine, en blanc, Coton perlé D·M·C N° 5, en Brun-Rouille 3314
et Mouliné spécial D·M·C N° 25, en Gris-Bleu 593.

celui où le fond de l'étoffe est caché ou couvert par les points,
tandis que l'étoffe elle-même reste à découvert sur les parties

occupées par le des-
sin. Or il est très
difficile, surtout lors-
que le dessin se com-
pose de petits détails,
de découper les fils
de la toile sans nuire
à l'uniformité du
fond. On retire donc
les fils sur toute la
surface indiquée par
le dessin, on termine
toutes les brides,
puis on remplace

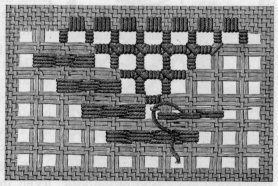

Fig. 100. Exécution du point de reprise
pour réserver un dessin dans le point coupé.
(Détail de la fig. 99.)

Fig. 101. Bordure au point coupé, genre Reticella italienne.
Fournitures : Toile fine, en blanc, Lin pour tricoter et crocheter D·M·C, Alsatia
D·M·C ou Fil d'Alsace D·M·C, en blanc.

avec l'aiguille les fils qui manquent dans le tissu. La manière de refaire le fond de toile est indiquée dans la gravure fig. 98, où, pour mieux faire comprendre l'entre-croisement des brins, les fils du tissu ressortent en clair, tandis que les brins introduits pour la formation du point de toile sont foncés. Si on ajoute cette bordure à des broderies au point de croix, il convient de faire les barrettes dans la couleur de la broderie. Le dessin proprement dit, travaillé au point de toile, peut se faire en blanc ou en écru, suivant le fond sur lequel on brode. Quant à l'exécution du fond voir les gravures fig. 35 et 72 à 77.

Fig. 102. Détail pour l'exécution de la bordure fig. 101.

Bordure au point coupé avec fond à barrettes cordonnées et dessin réservé au point de reprise (fig. 99

et 100). — Le point représenté par la fig. 100 est plus facile et plus agréable à exécuter que le point précédent. Il se fait comme le point de reprise enseigné par la gravure fig. 38, c'est-à-dire en relevant autant de fois les brides de l'étoffe qu'on les a abaissées.

On prendra pour ce remplissage un fil floche en Gris-Bleu 593 et pour les brides un fil de torsion plus forte, ici en Brun-Rouille 3314. La manière de faire les points est claire-

Fig. 103. Bordure au point coupé, genre Reticella grecque.
Fournitures : Toile fine, en blanc, Lin pour tricoter et crocheter D·M·C, Alsatia D·M·C ou Fil d'Alsace D·M·C, en blanc ou écru.

ment indiquée dans la gravure. Ici aussi on fait les brides en premier lieu et ensuite seulement on remplit le dessin.

Les détails de la fig. 100 rendent superflues de plus amples explications. Si l'ouvrage est exécuté sur un fond blanc et s'il doit être ajouté à une broderie ou à un tissu blanc, on obtiendra un effet des plus distingués en prenant du fil crème pour les brides et du fil blanc-neige pour le remplissage du dessin, qui doit se détacher d'une façon bien apparente sur le fond.

Bordure au point coupé, genre Reticella italienne (fig. 101 et 102). — La variété des points employés dans cet ouvrage le rapproche de la dentelle ; ce genre de jour est d'ailleurs aussi connu sous le nom de « jour Reticella ». La marche de l'ouvrage est expliquée dans la fig. 102. On retire dix fils du tissu dans les deux sens, six fils restent pour servir de base aux brides. Les fils des bords coupés sont recouverts d'un épais surfilé d'après la fig. 63 et un ourlet roulé arrête le dessin dans le haut et le bas.

Fig. 104. Petite serviette. Jour mexicain.
Fournitures : Toile fine, en blanc, Lin floche D·M·C N° 3o, Alsatia D·M·C N° 3o ou Fil d'Alsace D·M·C N° 3o, en blanc.

Les ronds au point de feston s'exécutent sur trois fils auxiliaires, que l'on tend d'une bride à l'autre, lorsqu'elles sont achevées jusqu'à mi-hauteur. On commence les roues ou araignées dans l'angle d'un carreau, et on les termine, comme l'indique la flèche, au même endroit.

Bordure au point coupé, genre Reticella grecque (fig. 103). — Après toutes les explications qui précèdent, la copie de ce dessin classique, originaire de la Grèce, ne peut offrir de difficultés.

Dans l'original, en toile très fine, nous avons compté 48 fils retirés pour les grands carreaux et six fils restants pour les brides. Pour la bordure étroite nous avons compté 21 fils enlevés dans les deux sens. Les bords coupés sont cordonnés, entre les deux lisières de points restent quatre fils de toile formant un entre-deux étroit par-dessus lequel on exécute une couture croisée d'après la fig. 6. Les longues brides qui se croisent dans le second carreau sont faites avec un feston double, orné de picots (*).

Fig. 105. Exécution du fond ajouré de la petite serviette fig. 104.

Petite serviette. Jour mexicain (fig. 104 et 105). — Notre gravure fig. 104 représente un genre particulier de jour sur toile, qui est très répandu dans l'Amérique méridionale et principalement dans les pays de langue espagnole. On l'appelle communément « Jour mexicain ». Nous donnons ci-après la description de notre modèle. Après avoir fixé les bords intérieurs au moyen de points de feston, voir la fig. 62, on sort en hauteur et en largeur sept fois vingt fils du tissu en laissant six intervalles de douze fils, de manière à obtenir un réseau à grands vides.

On commence ensuite la broderie au bas dans le coin gauche, en faisant un long point oblique allant jusqu'au centre

---

(*) Voir La Dentelle Renaissance, Le Filet brodé et l'Encyclopédie des Ouvrages de Dames, par TH. DE DILLMONT.

du premier carré d'étoffe, pour revenir au point de départ avec
un deuxième point oblique ; au troisième point oblique, on
réunit dans le bas et dans le haut les deux fils tendus par un
point de feston. Tous les vides sont successivement remplis
de cette façon par trois longs points obliques allant de gauche
à droite. Le deuxième tour est à commencer au bas dans le
coin à droite. L'exécution est presque la même que pour le

Fig. 106. Petite nappe. Jour danois « Hedebo ».
Fournitures : Toile de grosseur moyenne, en blanc, Lin pour tricoter et crocheter
D·M·C N° 30 ou Alsatia D·M·C N° 40, en blanc.

tour précédent ; la seule différence est qu'on raccorde les points
partout où les fils s'entre-croisent. (Voir le détail explicatif,
fig. 105). Lorsque le fond entier est recouvert de fils tendus
obliquement, on exécute les petites feuilles au point de reprise
en cachant le fil sur l'envers, derrière les carrés d'étoffe. Finalement on ajoute encore les cercles à fils tendus et à nœuds au

point de chaînette contrarié. Ceux qui touchent aux petites
feuilles au point de reprise se font en un seul rang ; les autres,
qui entourent les carrés d'étoffe sans ornement, demandent deux
tours. Comme garniture extérieure on laisse une bande d'étoffe
de 5 centimètres de largeur environ, garnie d'une rivière à jour,
voir la fig. 26, puis, après avoir serti le bord extérieur de la

Fig. 107. Quart de la petite nappe fig. 106. Réduit à un tiers.

bande en toile avec le point fig. 3, on effile les fils horizontaux
sur 4 centimètres de hauteur, pour former les franges.

Petite nappe. Jour danois « Hedebo » (fig. 106 et 107). —
Nous donnons ici un spécimen de jour sur toile de provenance
danoise, appelé « Hedebo », une petite nappe garnie de triangles
richement ajourés, terminée au bord par une petite rivière et
par une dentelle à l'aiguille.

Pour produire l'effilé pour les triangles, on coupe douze fois vingt-huit fils du tissu en laissant onze intervalles de douze fils, puis on festonne les bords.

Le réseau de fil est à transformer en brides au point de reprise, voir aussi les gravures fig. 37 et 79, et le dessin même est à exécuter au fur et à mesure qu'on termine les brides. Le modèle indique trois grandes étoiles ; les deux étoiles de côté sont formées de huit triangles au point de reprise, exécutés par-dessus un fil tendu obliquement autour d'un centre de quatre araignées ; l'étoile du coin se compose de quatre petites pyramides et de demi-cercles au point de boutonnière garnis de picots. Les autres vides sont garnis de petites rosaces, de pyramides et de cercles au point de boutonnière, ainsi que de différentes araignées formées par des brides surjetées.

Pour la petite rivière on retire quinze fils du tissu ; les fils libres sont reliés par des points de surjet, comme l'indique la gravure. Pour la confection de la dentelle nous renvoyons à l'Encyclopédie des Ouvrages de Dames, par Th. de Dillmont, chapitre des Dentelles à l'aiguille, page 638.

Les personnes qui désireraient être plus complètement renseignées sur l'exécution des modèles contenus dans LES JOURS SUR TOILE *ou sur les fournitures qui y sont mentionnées, pourront s'adresser à la Maison*

TH. DE DILLMONT, à MULHOUSE (France)

qui s'empressera de leur faire parvenir les indications nécessaires.

Les Jours sur Toile

Ire Série

Planches I à XX

Renseignements concernant l'exécution du modèle de la Planche I :

Fond à rayures larges et étroites pour rideaux, vitrages et stores,
exécuté sur de l'étamine grosse
avec du Coton perlé D·M·C N° 3 et du Fil à pointer D·M·C
N⁰ˢ 10 et 20. (Voir les détails explicatifs, fig. 10, 15 et 18.)

———————

Compter en hauteur 9 fils pour les rangées simples et 15 fils pour les rangées doubles de dents à points plats brodées avec du Coton perlé D·M·C N° 3.

Sortir dans la grande bordure 10 fils horizontaux pour les rivières étroites, 28 pour la rivière large et 16 fils pour la rivière dans la bordure étroite.

Les faisceaux à contrarier se composent de trois fils du tissu.

Le fil passé en travers dans les rivières larges est une ganse tordue avec deux fils de Fil à pointer D·M·C N° 10, celui dans les rivières étroites une ganse de deux fils de Fil à pointer D·M·C N° 20.

———————

LES JOURS SUR TOILE

Ire SÉRIE

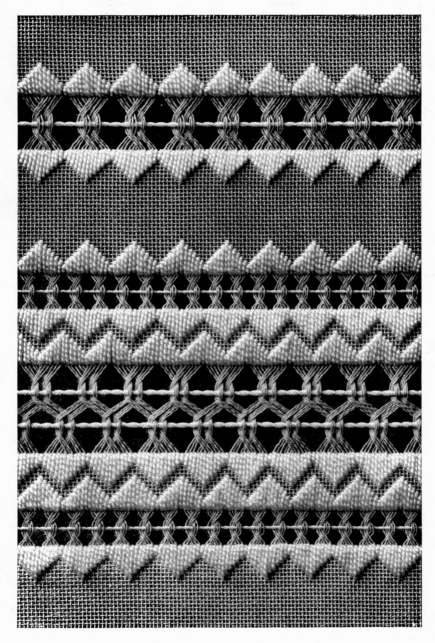

Planche I

Renseignements concernant l'exécution du modèle
de la Planche II :

Fond avec bordure pour petites nappes et dessus de plateau,
exécuté sur de la toile de grosseur moyenne
avec du Mouliné spécial D·M·C N° 14 et du Cordonnet
spécial D·M·C N° 20.
(Voir les détails explicatifs, fig. 4, 6, 46, 5o, 63, 84 et 85.)

———————

Broder les lignes de sertissage par-dessus 3 fils du tissu
avec deux brins de Mouliné spécial D·M·C N° 14.

Sortir 5 fils pour les petites rivières en serpentine et 18 fils
pour la rivière large ; les faisceaux sont formés de 4 fils du
tissu. Dans l'intérieur des carrés éloigner dans les deux sens
trois fois 4 fils et laisser deux fois 4 fils intermédiaires.

Faire le travail à l'aiguille avec du Cordonnet spécial D·M·C
N° 20, sauf le rassemblage des faisceaux qui se fait avec du
Mouliné spécial D·M·C N° 14.

———————

LES JOURS SUR TOILE
Ire SÉRIE

Planche II

Renseignements concernant l'exécution du modèle de la Planche III :

Bordure avec frange nouée pour essuie-mains, dessus de buffet
et dessus de servante,
exécutée sur de la toile de grosseur moyenne
avec du Cordonnet spécial D·M·C dans les Nᵒˢ 3 et 20.
(Voir les détails explicatifs, fig. 25, 50 et 84.)

Broder les lignes droites par-dessus 3 fils du tissu avec du
Cordonnet spécial D·M·C Nᵒ 20.

Enlever 8 fils pour les rivières étroites dont les faisceaux
comptent 6 fils et 24 fils pour la rivière large où les faisceaux
sont formés de 3 fils du tissu.

Les deux rangs de pois, brodés avec du Cordonnet spécial
D·M·C Nᵒ 3, demandent 12 fils en hauteur, le bord tourné
vers la frange compte également 12 fils.

Le travail à l'aiguille est fait avec du Cordonnet spécial
D·M·C Nᵒ 20.

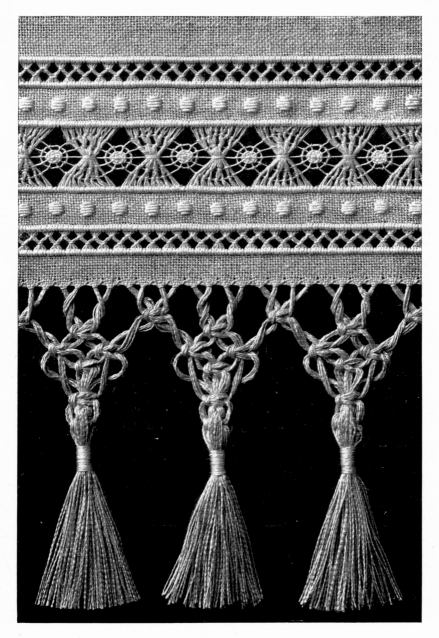

Planche III

Renseignements concernant l'exécution du modèle de la Planche IV :

Partie d'une voilette de canapé, exécutée sur
de l'étamine grosse à fils doubles
avec du Cordonnet spécial D·M·C dans les Nᵒˢ 1, 2 et 10.
(Voir les détails explicatifs, fig. 5, 30, 37 et 71.)

———————

Broder les rangs de points quadrillés par-dessus 3 fils du tissu avec du Cordonnet spécial D·M·C Nᵒ 10.

Enlever deux fois 7 fils pour les petites rivières croisées et laisser 5 fils d'intervalle pour la bande d'étamine à couvrir de points verticaux avec du Cordonnet spécial D·M·C Nᵒ 1.

Broder l'encadrement triangulaire avec du Cordonnet spécial D·M·C Nᵒ 2.

Enlever toujours 14 fils pour les carrés vides et laisser subsister 6 fils pour les brides intermédiaires.

Faire le travail à l'aiguille avec du Cordonnet spécial D·M·C Nᵒ 10.

———————

Planche IV

Renseignements concernant l'exécution du modèle de la Planche V :

Bordure avec coin pour serviettes et dessus de plateau,
exécutée sur de l'étamine grosse à fils doubles
avec du Cordonnet spécial D·M·C dans les Nᵒˢ 2, 10 et 20.
(Voir les détails explicatifs, fig. 8, 37, 90 et 91.)

———————

Broder l'encadrement dentelé au point de reprise avec du Cordonnet spécial D·M·C Nᵒ 2 par-dessus 7 fils du tissu.

Enlever en hauteur deux fois 16 fils en laissant subsister 6 fils du tissu dans le milieu. En longueur enlever 16 fils en laissant alternativement 6 et 12 fils intermédiaires.

Faire le travail à l'aiguille avec du Cordonnet spécial D·M·C Nᵒ 10 et les contours de raccord au point russe avec du Cordonnet spécial D·M·C Nᵒ 20.

Dans l'intérieur laisser 10 fils d'intervalle, enlever deux fois 2 fils en laissant 3 fils intermédiaires.

Faire la couture ajourée par-dessus des faisceaux de 4 fils.

Planche V

Renseignements concernant l'exécution des modèles de la Planche VI :

Quatre galons pour objets de toilette,
exécutés sur gros galons à fils doubles
avec du Coton perlé D·M·C N° 3 et du Cordonnet
spécial D·M·C N° 3.
(Voir les détails explicatifs, fig. 5, 6, 7, 10, 22, 27, 31, 37 et 38.)

Premier galon — hauteur 14 fils — Enlever 8 fils dans le milieu, faire les deux rangées de points de piqûre croisée par-dessus 2 fils du galon.

Deuxième galon — hauteur 16 fils — Enlever 10 fils dans le milieu, faire les deux rangées de points de consolidation qui forment les faisceaux par-dessus 2 fils en hauteur et en largeur.

Troisième galon — hauteur 26 fils — Enlever 18 fils au milieu, faire les deux rangées de points quadrillés par-dessus 3 fils en hauteur et 2 fils en largeur.

Quatrième galon — hauteur 38 fils — Enlever 18 fils dans le milieu, laisser subsister de chaque côté 3 fils, puis enlever dans le haut et dans le bas encore 3 fils ; les points de piqûre croisée sont faits par-dessus 2 fils en largeur et 3 fils en hauteur.

Employer le Coton perlé D·M·C N° 3 pour toutes les rangées brodées et pour les parties au point de reprise et le Cordonnet spécial D·M·C N° 3 pour les points de dentelles.

LES JOURS SUR TOILE

Ire SÉRIE

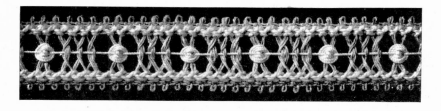

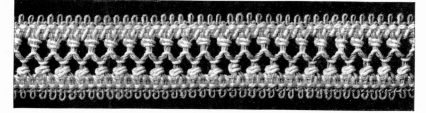

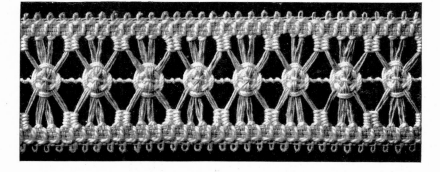

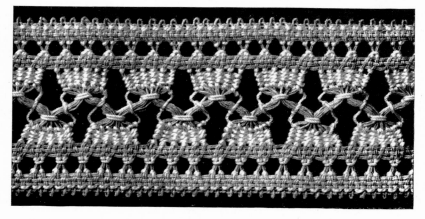

Planche VI

Renseignements concernant l'exécution des modèles de la Planche VII :

Deux bordures pour rideaux et vitrages,
exécutées sur du gros filet de lin
avec du Coton perlé D·M·C N° 3 et du Lin pour dentelles
D·M·C N° 16. (Voir les détails explicatifs, fig. 22, 37 et 38.)

———————

Première bordure — Enlever 8 fils pour la rivière large, laisser subsister 4 fils, puis enlever encore 4 fils dans le haut et dans le bas.

Les faisceaux comptent 3 fils et sont arrêtés avec du Lin pour dentelles D·M·C N° 16. Exécuter tous les autres points avec du Coton perlé D·M·C N° 3.

Deuxième bordure — Enlever 5 fils pour la rivière large, laisser subsister 2 fils dans le haut et dans le bas, enlever 3 fils, laisser subsister 2 fils et enlever encore 3 fils. Les faisceaux extérieurs se composent de deux fils et sont arrêtés avec du Lin pour dentelles D·M·C N° 16.

Exécuter tous les autres points avec du Coton perlé D·M·C N° 3.

———————

LES JOURS SUR TOILE

Ire SÉRIE

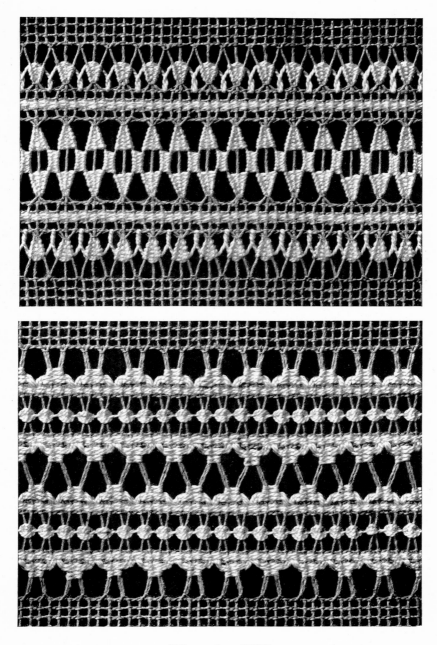

Planche VII

Renseignements concernant l'exécution des modèles de la Planche VIII :

Trois bordures pour linge de table et linge de maison,
exécutées sur de la toile de grosseur moyenne
avec du Cordonnet spécial D·M·C N° 3 et du Coton perlé
D·M·C N° 3.
(Voir les détails explicatifs, fig. 5, 22, 23, 37, 38, 63, 81,
82, 84 et 85.)

Première bordure — Exécuter les rangées de points verticaux et de points quadrillés par-dessus 3 fils en hauteur. Enlever en hauteur 35 fils horizontaux, puis, dans le sens de la longueur, laisser subsister alternativement 28 fils et couper 8 fils.

Deuxième bordure — Exécuter les rangées de points verticaux par-dessus 4 fils en hauteur, les rangées de points quadrillés par-dessus 3 fils en hauteur et 4 fils en largeur. Enlever en hauteur 45 fils horizontaux, puis, dans le sens de la longueur, laisser subsister alternativement 32 fils et couper 20 fils.

Troisième bordure — Exécuter les rangées de points verticaux par-dessus 4 fils en hauteur, les rangées de points quadrillés par-dessus 3 fils en hauteur et 4 fils en largeur. Enlever en hauteur 60 fils horizontaux, puis, dans le sens de la longueur, laisser subsister alternativement 40 fils et couper 25 fils.

Faire le travail avec du Cordonnet spécial D·M·C N° 3 sauf les parties épaisses au point de reprise qui sont faites avec du Coton perlé D·M·C N° 3.

LES JOURS SUR TOILE

Ire SÉRIE

Planche VIII

Renseignements concernant l'exécution des modèles de la Planche IX :

Deux fonds pour coussins, dessus de pelotes, voilettes et
milieux de table,
exécutés sur de la toile de grosseur moyenne
avec du Coton perlé D·M·C N° 8 et du Cordonnet
spécial D·M·C N° 10.
(Voir les détails explicatifs, fig. 38, 63, 83, 84 et 85.)

Premier fond — Faire l'encadrement des figures avec du
Coton perlé D·M·C N° 8 par-dessus 3 fils du tissu et enlever
dans les deux sens 20 fils à l'intérieur des carrés, compter 8 fils
d'intervalle entre les figures. Exécuter les figures décoratives
avec du Cordonnet spécial D·M·C N° 10.

Deuxième fond — Faire l'encadrement des figures avec du
Coton perlé D·M·C N° 8 par-dessus 3 fils du tissu. Enlever
pour le grand vide du centre 12 fils dans les deux sens, laisser
subsister 3 fils, puis éloigner encore 5 fils. Exécuter les figures
décoratives avec du Cordonnet spécial D·M·C N° 10.

Planche IX

Renseignements concernant l'exécution du modèle
de la Planche X :

Fond pour coussins et voilettes,
exécuté sur de la grosse toile à fils doubles
avec du Cordonnet spécial D·M·C N° 3.
(Voir les détails explicatifs, fig. 3, 6, 23, 37 et 38.)

————————

Laisser subsister 12 fils pour les grands carrés de toile, enlever 3 fils pour les rivières étroites, laisser subsister 3 fils pour les bandes de tissu et enlever 9 fils pour les rivières larges.

Les faisceaux sont composés de 2 fils du tissu.

Faire toute la broderie avec du Cordonnet spécial D·M·C N° 3.

————————

Planche X

Renseignements concernant l'exécution du modèle de la Planche XI :

Bordure avec coin pour nappes et serviettes,
exécutée sur de la toile de grosseur moyenne
avec du Coton perlé D·M·C Nᵒˢ 5 et 8 et du Cordonnet
spécial D·M·C Nᵒˢ 1 et 5.
(Voir les détails explicatifs, fig. 10, 35, 38 et 63.)

———————

Faire les rangées de points plats qui bordent l'ouvrage avec du Coton perlé D·M·C Nᵒ 8, par-dessus 3 fils du tissu.

Enlever dans les deux sens 12 fils du tissu pour les parties ajourées et laisser subsister 12 fils pour les carrés en toile où l'on brodera les petites étoiles avec du Cordonnet spécial D·M·C Nᵒ 5.

Prendre du Cordonnet spécial D·M·C Nᵒ 1 pour le fil passé en travers des faisceaux contrariés, qui se composent de 4 fils chacun, et du Cordonnet spécial D·M·C Nᵒ 5 pour tendre les fils de la carcasse des fleurs au point de reprise, qui sont exécutées avec du Coton perlé D·M·C Nᵒ 5.

LES JOURS SUR TOILE

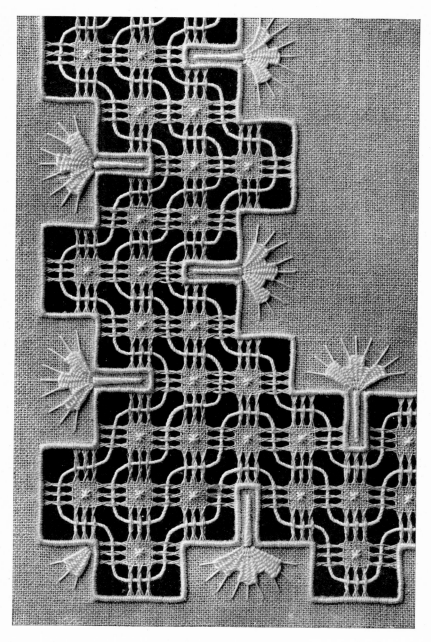

Planche XI

Renseignements concernant l'exécution des modèles de la Planche XII :

Entre-deux et bordure dentelée pour linge de table,
exécutés sur de la toile de grosseur moyenne
avec du Coton perlé D·M·C N° 8 et du Cordonnet spécial
D·M·C N°s 3 et 10.
(Voir les détails explicatifs, fig. 30, 35, 38, 63, 67 et 93.)

―――――――――

Entre-deux — Faire les rangées droites par-dessus 3 fils du tissu, avec du Coton perlé D·M·C N° 8. Laisser subsister 24 fils pour les carrés dans le milieu de la bordure, puis enlever dans le haut et dans le bas 24 fils et en laisser subsister 12 ; en longueur laisser subsister alternativement 24 fils et couper 24 fils.

Compter 12 fils pour les faisceaux du milieu et chaque fois 6 fils pour les faisceaux extérieurs.

Prendre du Cordonnet spécial D·M·C N° 10 pour les fils à tendre dans les vides et du Coton perlé D·M·C N° 8 pour les parties au point de reprise.

Bordure dentelée — Exécuter la rangée droite par-dessus 3 fils du tissu, laisser subsister 6 fils, puis enlever cinq fois 12 fils et laisser subsister quatre fois 12 fils ; en longueur laisser subsister alternativement 12 fils et couper 12 fils. Exécuter le bord dentelé alternativement par-dessus des faisceaux de 6 fils et par-dessus 3 fils du tissu, avec du Coton perlé D·M·C N° 8.

Faire les points d'esprit par-dessus des faisceaux de 6 fils, avec du Cordonnet spécial D·M·C N° 3.

Dans le haut laisser subsister 18 fils, puis enlever 8 fils pour la rivière de barrettes ; ces dernières sont cordonnées par-dessus 6 fils avec du Cordonnet spécial D·M·C N° 10.

―――――――――

Planche XII

Renseignements concernant l'exécution du modèle de la Planche XIII :

Bordure à dents avec frange nouée pour tapis de table et essuie-mains,
exécutée sur de la grosse toile à fils doubles
avec du Coton perlé D·M·C N° 5 et du Cordonnet spécial
D·M·C N° 10. (Voir le détail explicatif, fig. 30.)

Exécuter toutes les lignes au point natté par-dessus un fil quadruple du tissu, les étoiles par-dessus 3 fils du tissu, avec du Coton perlé D·M·C N° 5.

Enlever 5 fils pour toutes les parties ajourées, laisser subsister 9 fils pour les carrés en toile et 3 fils pour le bord à grandes dents.

Compter 3 fils quadruples pour les faisceaux qui sont noués avec du Cordonnet spécial D·M·C N° 10.

Planche XIII

Renseignements concernant l'exécution du modèle de la Planche XIV :

Fond pour coussins, voilettes et sacs à ouvrage,
exécuté sur de la toile de grosseur moyenne
avec du Cordonnet spécial D·M·C N° 5.
(Voir les détails explicatifs, fig. 5, 22, 38, 82 et 86.)

————————

Exécuter les deux rangées de points quadrillés par-dessus 4 fils du tissu.

Enlever dans les deux sens 32 fils du tissu pour les parties ajourées et laisser subsister 32 fils pour les carrés en toile.

Faire toute la broderie avec du Cordonnet spécial D·M·C N° 5.

————————

Planche XIV

Renseignements concernant l'exécution du modèle de la Planche XV :

Bordure large pour tentures et tapis de jardin,
exécutée sur de la grosse toile
avec du Cordonnet spécial D·M·C N° 2
et du Coton perlé D·M·C N° 5.
(Voir les détails explicatifs, fig. 3, 22, 29, 38 et 62.)

––––––––––

Enlever en hauteur 6 fils du tissu pour le jour à la grecque, dont les faisceaux comptent 3 fils quadruples ; la bordure entière demande donc 30 fils en largeur. Laisser subsister de chaque côté 6 fils, puis enlever 2 fils pour les petits jours ronds qui sont également exécutés avec 3 fils quadruples. Laisser subsister 4 fils, enlever 3 fils et arrêter les bords en formant des faisceaux de 2 fils quadruples.

Employer du Coton perlé D·M·C N° 5 dans la couleur du tissu pour arrêter les bords et pour faire les petits jours ronds, et du Cordonnet spécial D·M·C N° 2 pour tous les autres points.

LES JOURS SUR TOILE

Ire SÉRIE

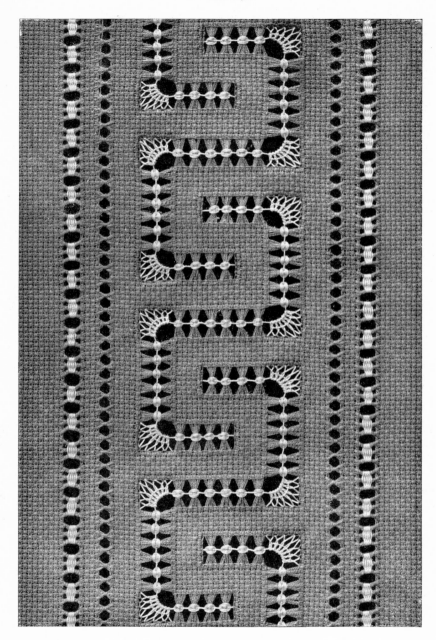

Planche XV

Renseignements concernant l'exécution des modèles de la Planche XVI :

Deux bordures avec coins pour tapis de table,
exécutées sur de la grosse toile
avec du Cordonnet spécial D·M·C N° 1 et du Coton
perlé D·M·C N° 5.
(Voir les détails explicatifs, fig. 3, 29, 62 et 66.)

———————

Première bordure — Enlever deux fois 2 fils pour les rivières extérieures et intérieures, dont les faisceaux se composent de 3 fils et laisser subsister 2 fils intermédiaires.

Compter 53 fils du tissu pour l'intérieur de la bordure ; dans les losanges ajourés couper cinq fois 3 fils, laisser subsister six fois 3 fils et couper aux coins encore 2 fils.

Pour le centre des petites figures décoratives couper en largeur et en hauteur 2 fils.

Arrêter les bords et nouer les faisceaux dans les petites rivières avec du Coton perlé D·M·C N° 5 dans la couleur du tissu.

Faire les points de dentelles et la broderie avec du Cordonnet spécial D·M·C N° 1.

Deuxième bordure — Enlever trois fois 5 fils quadruples et laisser subsister deux fois 3 fils pour les motifs carrés à bord festonné. Le bord en toile compte 10 fils.

Enlever 3 fils pour les rivières d'échelle, dont les faisceaux se composent de 2 fils quadruples, 2 fils du tissu resteront entre les deux petites rivières.

———————

LES JOURS SUR TOILE

Ire SÉRIE

Planche XVI

Renseignements concernant l'exécution des modèles de la Planche XVII :

Deux bordures pour garniture d'objets de toilette,
exécutées sur de l'étamine fine
avec du Coton perlé D·M·C N⁰ˢ 5 et 8.
(Voir les détails explicatifs, fig. 8, 9, 22, 38, 5o, 81, 82 et 84.)

———

Bordure étroite — Exécuter les deux rangées de points d'arrêt par-dessus 6 fils en hauteur et 4 fils en largeur avec du Coton perlé D·M·C N° 5.

Enlever 40 fils pour la rivière ajourée ; le travail à l'aiguille est fait avec du Coton perlé D·M·C N° 8, sauf les barrettes horizontales, au point de reprise, qui sont exécutées avec du Coton perlé D·M·C N° 5.

Bordure large — Exécuter les deux rangées de points d'arrêt et la rangée supplémentaire de l'ourlet par-dessus 6 fils en hauteur et 4 fils en largeur, avec du Coton perlé D·M·C N° 5.

Enlever 75 fils pour la rivière large et 8 fils pour les rivières étroites, les bandes de tissu intermédiaires comptent 12 fils.

Le travail à l'aiguille est fait avec du Coton perlé D·M·C N° 8.

———

LES JOURS SUR TOILE

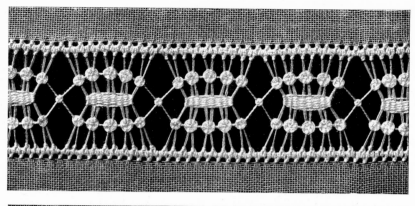

Planche XVII

Renseignements concernant l'exécution des modèles
de la Planche XVIII :

Bordure et carré pour linge de table,
exécutés sur de la toile de grosseur moyenne
avec du Cordonnet spécial D·M·C N° 3 et du Coton perlé
D·M·C N° 5. (Voir les détails explicatifs, fig. 22, 38 et 63.)

———————

Bordure — Faire l'encadrement des carrés par-dessus 4 fils
du tissu et laisser en longueur 56 fils entre les figures.

Dans l'intérieur sortir dans chaque sens trois fois 8 fils et
laisser subsister deux fois 8 fils.

Laisser subsister dans le haut et dans le bas 12 fils du tissu,
enlever 3 fils pour les rivières étroites dont les faisceaux sont
composés de 4 fils.

Motifs à carrés — Faire l'encadrement des carrés par-dessus
3 fils du tissu, avec du Coton perlé D·M·C N° 5 ; laisser un
intervalle de 8 fils entre les carrés.

Faire le travail avec du Cordonnet spécial D·M·C N° 3,
sauf les parties au point de reprise qui demandent du Coton
perlé D·M·C N° 5.

———————

LES JOURS SUR TOILE

Planche XVIII

Renseignements concernant l'exécution du modèle de la Planche XIX :

Grand fond pour tapis, couvertures de lit, de berceau, etc.,
exécuté sur de la grosse toile
avec du Cordonnet spécial D·M·C N° 1, du Coton perlé D·M·C
N°ˢ 1 et 3 et du Mouliné spécial D·M·C N° 14.
(Voir les détails explicatifs, fig. 87, 88 et 89.)

———

Enlever 14 fils pour les grandes parties ajourées et laisser
subsister 28 fils pour les carrés en toile, dont les bords sont
à arrêter avec 2 brins de Mouliné spécial D·M·C N° 14, avec
des points donnant sur 2 fils quadruples.

Faire le bord des petits carrés, pour lesquels il faut couper
à l'intérieur 6 fils dans les deux sens, au point natté, avec du
Coton perlé D·M·C N° 3, par-dessus un fil quadruple.

Faire les feuilles au point de reprise avec du Coton perlé
D·M·C N° 1, les araignées au centre des figures et les points
d'esprit isolés avec du Cordonnet spécial D·M·C N° 1 et les
figures intermédiaires avec 12 brins de Mouliné spécial D·M·C
N° 14, dans la nuance du tissu.

Planche XIX

Renseignements concernant l'exécution du modèle de la Planche XX :

Bordure triple pour linge de table et literie,
exécutée sur de la toile de grosseur moyenne avec du
Cordonnet spécial D·M·C N° 40.
(Voir les détails explicatifs, fig. 35 et 38.)

———————

Enlever 5o fils du tissu pour la rivière large et 23 fils pour les deux rivières étroites en laissant subsister chaque fois 13 fils intermédiaires.

Arrêter les bords par des points de feston réunissant des faisceaux de 3 fils.

Exécuter le travail entier avec du Cordonnet spécial D·M·C N° 40.

———————

Planche XX

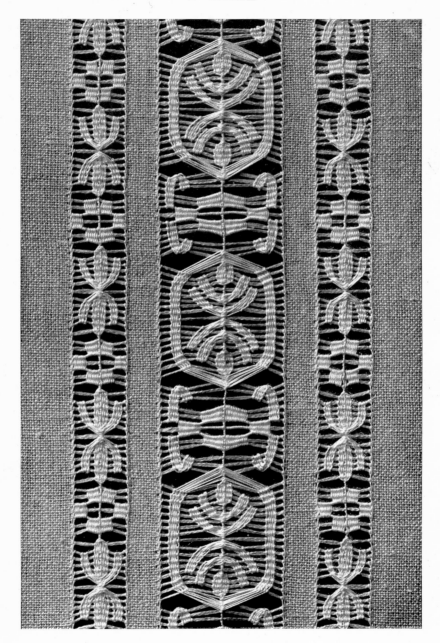

Planche XX

BIBLIOTHÈQUE D·M·C

Dans le but de développer le goût des travaux à l'aiguille et de faire mieux connaître l'emploi des nombreux articles qu'elle fabrique spécialement pour la couture et la broderie, la Société anonyme Dollfus-Mieg & Cie a fait éditer une série de publications dont l'ensemble forme une bibliothèque complète, traitant de tous les ouvrages connus sous le nom de travaux à l'aiguille ou d'ouvrages de dames.

Chaque album se compose d'une série de dessins inédits et très variés, accompagnés d'un texte explicatif, à l'aide duquel il sera toujours facile d'exécuter les ouvrages même les plus compliqués.

Quoique ces publications surpassent par leur valeur artistique, le choix des dessins et les soins apportés à leur exécution tout ce qui a été fait dans ce genre, elles sont vendues à des prix bien inférieurs à leur valeur marchande; elles n'ont pu être établies à des conditions aussi favorables que par suite de l'importance des éditions et du but que l'on s'est proposé.

On trouvera plus loin la liste de ces publications que l'on pourra se procurer en s'adressant à MM. les libraires, merciers, marchands d'ouvrages ou au besoin à l'éditeur Th. de Dillmont, à Mulhouse (France).

Liste des publications

TH. DE DILLMONT, Éditeur

MULHOUSE (Haut-Rhin)

Prix de vente des publications

de la

BIBLIOTHÈQUE D·M·C

La Guipure d'Irlande, format grand in-8°......	Fr.	6.—
Le Tricot, Ire **et II**me **Série,** format in-4°, chaque Série	»	7 80
Le Filet-Richelieu, format in-4°......	»	7·80
Le Filet brodé, format in-8°......	»	1·40
La Broderie sur Lacis, Ire **et II**me **Série,** format in-4°, chaque Série	»	4·80
Le Macramé, format in-4°......	»	7·80
Broderies Norvégiennes, Ire **Série,** format grand in-8°......	»	2·40
Broderies Norvégiennes, IIme **Série,** format grand in-8°......	»	2.—
Les Jours sur Toile, Ire **Série,** format in-8°......	»	1·40
Les Jours sur Toile, IIme **Série,** format in-8°......	»	2·40
La Broderie au Passé, format in-4°......	»	7·80
Motifs de Broderie copte, Album I, II et III, format in-4°, chaque Album......	»	7·80
La Broderie sur Tulle, Ire **Série,** format grand in-8°......	»	2·80
Les Dentelles aux Fuseaux, Ire **Série,** format in-8°......	»	9.—
Les Dentelles à l'Aiguille, Ire **Série,** format grand in-8°......	»	3·50
La Dentelle Renaissance, format in-8°......	»	4·80
La Dentelle Ténériffe, format in-8°......	»	1.—
Recueil d'Ouvrages divers, format in-4°......	»	4·80

Cette liste de prix établie en Mars 1922 est valable jusqu'à nouvel ordre.

Motifs pour Broderies, Vme Série

Album grand in-8°, contenant 15 planches coloriées avec de nombreux modèles pour broderies. Un texte avec figures explicatives facilite la reproduction des modèles et une série de calques des planches de l'album complète cette publication.

Le Crochet, Ire et IIme Série

Ire Série, contenant 8 planches composées de 64 modèles de crochet. Couverture artistique. Format in-4°.
IIme Série, contenant 8 planches composées de 57 modèles de crochet. Couverture artistique. Format in-4°.
(Chaque Série renferme une description détaillée des modèles).

Le Crochet, IIIme Série

Album grand in-8°, contenant 14 planches composées de modèles divers pour ouvrages au crochet, accompagnées de 78 pages de texte et de nombreuses figures explicatives.

La Guipure d'Irlande

Album grand in-8°, contenant 54 pages de texte, avec nombreuses figures explicatives, et 7 planches de modèles pour guipures d'Irlande, suivies de patrons sur toile pour l'exécution des ouvrages reproduits sur ces planches.

Le Tricot, Ire et IIme Série

Ire Série, contenant 10 planches composées de 72 modèles de tricot. Couverture artistique. Format in-4°.
IIme Série, contenant 10 planches composées de 63 modèles de tricot. Couverture artistique. Format in-4°.
(Chaque Série renferme une description détaillée des modèles).

Le Filet-Richelieu

Album contenant 30 planches composées de 171 modèles et un texte explicatif. Format in-4°. Couverture artistique.

Le Filet brodé

Brochure in-8°, contenant 30 pages de texte avec figures explicatives et 20 planches de patrons divers pour broderies sur filet.

La Broderie sur Lacis, Ire et IIme Série

Ire Série, contenant 20 planches composées de 41 modèles et un texte explicatif. Format in-4°. Couverture polychrome.
IIme Série, contenant 20 planches composées de 38 modèles et un texte explicatif. Format in-4°. Couverture polychrome.

Le Macramé

Album contenant 32 planches composées de 188 modèles et un texte explicatif. Format in-4°. Couverture polychrome.

Broderies Norvégiennes, Ire Série

Album grand in-8°, contenant 36 planches composées d'un grand nombre de modèles pour broderies ajourées, à exécuter à fils comptés; un texte de 20 pages avec figures explicatives accompagne les planches.

Broderies Norvégiennes, IIme Série

Album grand in-8°, contenant 25 planches composées d'un grand nombre de modèles pour broderies ajourées, à exécuter à fils comptés ; un texte de 7 pages avec figures explicatives accompagne les planches.

Les Jours sur Toile, Ire Série

Brochure in-8° de 54 pages de texte, avec figures explicatives, et de 20 planches contenant un grand nombre de modèles pour ouvrages ajourés.

Les Jours sur Toile, IIme Série

Brochure in-8° de 11 pages de texte, avec figures explicatives, et de 32 planches contenant des modèles pour ouvrages ajourés, dont un grand nombre peuvent aussi être exécutés en broderie sur filet.

La Broderie au Passé

Album in-4°, contenant 20 planches composées de 24 modèles, accompagnées de calques pour la reproduction des dessins. Texte explicatif. Couverture polychrome.

Motifs de Broderie copte, Ire, IIme et IIIme Partie

Chaque Partie est composée de 30 planches, dont une coloriée, et d'un texte explicatif. Couverture artistique. Format in-4°.

La Broderie sur Tulle, Ire Série

Album grand in-8°, contenant 16 planches imprimées en noir et 8 planches imprimées en couleurs, avec de nombreux modèles de dentelles, bordures, entre-deux et semis, précédées d'un texte explicatif facilitant l'exécution de la broderie sur tulle.

Les Dentelles aux Fuseaux, Ire Série

Ouvrage in-8°, contenant 176 pages de texte accompagné de nombreuses figures explicatives, 8 planches, avec modèles de dentelles, entre-deux et galons, et 55 patrons pour exécuter les différents modèles décrits dans l'ouvrage.

Les Dentelles à l'Aiguille, Ire Série

Album grand in-8°, contenant 15 planches composées de nombreux modèles pour dentelles, ainsi qu'une série de patrons pour les exécuter, le tout précédé d'un texte avec figures explicatives.

La Dentelle Renaissance

Ouvrage contenant 76 pages de texte avec figures explicatives, 10 planches hors texte et 10 patrons sur toile pour l'exécution des ouvrages reproduits sur ces planches.

La Dentelle Ténériffe

Album in-8°, contenant 20 pages de modèles pour dentelles Ténériffe, précédées d'un texte avec figures explicatives facilitant l'exécution de ce genre d'ouvrages.

Recueil d'Ouvrages divers

Album de 35 planches, composées de 242 gravures, avec texte explicatif. Format in-4°.

La Société anonyme

DOLLFUS-MIEG & Cie, Mulhouse-Belfort-Paris

fabrique et met en vente sous la marque

D·M·C

des articles spéciaux destinés à la broderie, à la couture, au tricot, au crochet
et en général à tous les ouvrages de dames, dans les matières suivantes :

COTON, LIN ET SOIE

Ces articles sont livrés dans toutes les grosseurs en écru, blanc, noir et toutes
couleurs.

On pourra se procurer ces produits dans les magasins de mercerie, d'ouvrages
de dames, etc.; cependant la variété des articles portant la marque D·M·C est
si grande, qu'il est impossible, même aux magasins les mieux assortis, de les
avoir tous en rayon.

Les marchands, qui sont en relation avec la Société anonyme Dollfus-
Mieg & Cie, ou avec ses dépositaires, ayant toutefois la facilité de se procurer
n'importe quelle quantité de marchandises, il sera toujours possible aux con-
sommateurs de faire venir, par leur entremise, les articles qu'ils désirent et
dont nous donnons ci-dessous une liste sommaire.

Coton : Fils d'Alsace. — Fil à dentelles. — Demi-Alsace. — Tiers-Alsace. —
Fils à la cloche. — Cotons à broder. — Cotons à broder, qualité spéciale. — Coton
perlé. — Coton perlé ombré. — Coton chiné. — Mouliné spécial. — Crochet
floche. — Cordonnet 6 fils. — Cordonnet, qualité spéciale. — Cordonnet à la
cloche. — Coton pour crochet. — Coton à tricoter. — Coton cannelé. — Coton
pour bonneterie. — Coton à feutrer. — Mouliné 8 fils. — Coton à repriser. —
Repriser spécial. — Cotons à coudre, qualité supérieure et bonne qualité. —
Cotons à coudre et à bâtir à la cloche. — Fils spéciaux pour machines à coudre.
— Alsa. — Coton à marquer. — Coton à marquer, qualité spéciale. — Fil à
pointer. — Câblé d'Alsace. — Retors pour mercerie. — Retors spécial pour
mercerie. — Alsatia. — Retors d'Alsace, qualité spéciale. — Lacet superfin
d'Alsace et Lacet Ire qualité.

Lin : Lin floche. — Lin pour tricoter et crocheter. — Lin pour dentelles.

Soie lavable : Soie de Perse.

Or et Argent : Or et Argent fins pour la broderie.

---

*Les tableaux qui suivent donnent les numéros de grosseur des articles
ci-dessus; les traits placés à côté de ces numéros indiquent pour chacun d'eux
l'épaisseur correspondante du fil.*

150 DMC 80 mét.

Impression or et argent sur papier bleu-acier

FIL D'ALSACE
DEMI-ALSACE
TIERS-ALSACE
FIL A DENTELLES

Impression vert foncé sur papier jaune

DMC — DOLLFUS-MIEG & Cie — MULHOUSE-BELFORT

FIL POUR MACHINES

Numéros de grosseur pour : Fil d'Alsace, Demi-Alsace, Tiers-Alsace et Fil à dentelles.

30	10
36	12
40	16
	20
50	24
	30
60	36
	40
70	50
80	60
90	70
100	80
110	90
120	100
130	120
140	150
150	180
160	
180	200
200	
250	
300	
400	
500	
600	
700	

Numéros de grosseur pour : Fil pour machines.

COTON PERLÉ 25 mét. DMC 5 DOLLFUS-MIEG & Cie

Impression or sur papier bleu-acier

COTON PERLE

1
3
5
8
12

MOULINÉ SPÉCIAL 8 mét. DMC 25 DOLLFUS-MIEG & Cie

Impression or sur papier bleu-acier

COTON MOULINÉ SPÉCIAL

14
25

CROCHET FLOCHE DMC 25 DOLLFUS-MIEG & Cie MULHOUSE-BELFORT-PARIS 20 GRAMMES

Impression argent sur papier bleu-outremer

CROCHET FLOCHE

25

ALSA DMC DOLLFUS-MIEG & Cie MULHOUSE-BELFORT

Impression or sur papier blanc

ALSA

40

A BRODER DMC 30 40 mètres DOLLFUS-MIEG & Cie Mulhouse-Belfort-Paris

Impression or sur papier bleu-acier

COTON A BRODER
ET
COTON POUR BONNETERIE

3
4
5
6
8
10
12
14
16
18
20
22
25
30
35
40
45
50
60
70
80
90
100
120
150
180
200

COTON A FEUTRER DMC 25 6 GRAMMES DOLLFUS-MIEG & Cie MULHOUSE-BELFORT

Impression or sur papier bleu-acier

COTON A FEUTRER

25

COTON FLOCHE
A BRODER
Qualté spéciale
DMC
25
40 mètres
DOLLFUS-MIEG & Cⁱᵉ
Mulhouse-Belfort-Paris

Impression argent
sur papier grenat

COTON FLOCHE A BRODER

Qualité spéciale

6
8
10
12
14
16
18
20
25
30
35
40
50
60
70
80
90
100
110
120

COTON A BRODER SURFIN

pour les monogrammes
et la batiste.

100

GANSE TURQUE

Écru et Or fin

6
12

CHINÉ D'OR

En Rouge, Bleu, Vert,

Noir et Écru

30

Impression argent
sur papier
bleu-outremer

DOLLFUS - MIEG & Cⁱᵉ
COTON A REPRISER
DMC
25
MULHOUSE - BELFORT - PARIS

COTON A REPRISER

8
10
12
14
16
18
20
25
30
35
40
45
50
60
70
80
90
100

Impression
rouge sur
papier blanc

OR FIN D·M·C
25 mètres Nº 30

OR ET ARGENT FINS

POUR LA BRODERIE

(lavables)

20
30
40

CORDONNET D'OR

6

Impression argent
sur papier bleu-acier

DOLLFUS - MIEG & Cⁱᵉ
CORDONNET 6 FILS
DMC
50
25 GRAMMES
MULHOUSE - BELFORT - PARIS

CORDONNET 6 FILS

et CORDONNET A LA CLOCHE

1
1½
2
2½
3
4
5
10
15
20
25
40
50
60
70
80
90
100
120
150
200

Impression argent
sur papier bleu-acier

DOLLFUS - MIEG & Cⁱᵉ
ALSATIA
Nº DMC 25
80 GRAMMES
MULHOUSE - BELFORT - PARIS

ALSATIA

15
20
25
30
40

COTON A MARQUER

DMC 20 — Impression or sur papier bleu-acier / Impression argent sur papier bleu-acier

5
6
8
10
12
16
20
24
30
35
40
45
50
60
70
80
90
100
120
150
200

FIL A POINTER

DMC 10 — FIL A POINTER — 50 GRAMMES — DOLLFUS-MIEG & Cie — MULHOUSE-BELFORT-PARIS — Impression noire sur papier gris

10
15
20
30

COTON A TRICOTER

DMC 40 — COTON A TRICOTER — DOLLFUS-MIEG & Cie — MULHOUSE-BELFORT-PARIS — 50 GRAMMES — Impression or sur papier bleu-acier

6
8
10
12
14
16
18
20
25
30
35
40
50

RETORS POUR MERCERIE

25 — RETORS POUR MERCERIE — DOLLFUS-MIEG & Cie — MULHOUSE-BELFORT-PARIS — 50 GRAMMES — Impression or sur papier bleu-acier

6
10
12
15
20
25
30
35
40
50

RETORS SPÉCIAL POUR MERCERIE

RETORS SPÉCIAL POUR MERCERIE No 25 — DMC — 50 grammes — DOLLFUS-MIEG & Cie — Mulhouse-Belfort-Paris — Impression argent sur papier bleu-acier

10
12
15
20
25
30
35
50

RETORS D'ALSACE

RETORS D'ALSACE DMC No 8 — 50 grammes — DOLLFUS-MIEG & Cie — Mulhouse-Belfort-Paris — Impression or sur papier bleu-acier

5
8
10
12
16
20
30
40
50
60
80
100

LIN POUR DENTELLES

Impression argent sur papier bleu-acier

LIN POUR
DENTELLES
DMC
30
DOLLFUS-MIEG & Cᵉ
Mulhouse-Belfort-Paris

| 6 |
| 12 |
| 16 |
| 20 |
| 25 |
| 30 |
| 35 |
| 40 |
| 45 |
| 50 |
| 60 |
| 70 |

LIN FLOCHE

Impression or sur papier bleu-acier

LIN
FLOCHE
DMC
50
40 mètres
DOLLFUS-MIEG & Cᵉ
Mulhouse-Belfort-Paris

| 3 |
| 5 |
| 6 |
| 8 |
| 10 |
| 12 |
| 16 |
| 20 |
| 25 |
| 30 |
| 35 |
| 40 |
| 50 |
| 60 |
| 70 |
| 100 |
| 150 |

LIN POUR TRICOTER et CROCHETER

Impression or sur papier bleu-acier

LIN
POUR
TRICOTER
ET
CROCHETER
DMC
Nᵒ **25**
50 grammes
DOLLFUS-MIEG & Cⁱᵉ
Mulhouse-Belfort-Paris

| 3 |
| 4 |
| 6 |
| 8 |
| 10 |
| 12 |
| 14 |
| 16 |
| 20 |
| 25 |
| 30 |
| 35 |
| 40 |
| 45 |
| 50 |
| 60 |
| 70 |

COTON A BRODER MADEIRA

Cet article est livré dans
les Nᵒˢ 16 à 200
correspondant à ceux du
Coton à broder.

Impression or sur papier gris

SOIE DE PERSE
DMC
5 mètres
DOLLFUS-MIEG & Cⁱᵉ
Mulhouse-Belfort-Paris

SOIE DE PERSE

LACETS SUPERFINS D'ALSACE

Impression or sur papier bleu-acier

LACET SUPERFIN
10 met.
DMC
12
DOLLFUS-MIEG & Cⁱᵉ

Nᵒˢ Largeurs		Largeurs en m/m
1	⊢	$3/4$
$1^{1}/_{2}$	⊢	1
2	⊢	$1^{1}/_{4}$
3	⊢	$1^{1}/_{2}$
4	⊢⊣	2
5	⊢⊣	3
6	⊢⊣	$3^{1}/_{2}$
7	⊢⊣	4
8	⊢⊣	$4^{1}/_{2}$
9	⊢⊣	5
10	⊢⊣	$5^{1}/_{2}$
12	⊢⊣	$6^{1}/_{2}$
14	⊢⊣	8
16	⊢⊣	9
18	⊢⊣	10
20	⊢⊣	12
24	⊢⊣	13
28	⊢⊣	16
32	⊢⊣	19

Imprimerie de la Société anonyme

DOLLFUS-MIEG & Cie